◂◂ Die schönsten Touren Teil 1 (bitte Karte aufklappen)

Gardesana Occidentale -
die West-Uferstraße des
Gardasees ist eine der
Traumstraßen Europas!

Liebe Leserinnen und Leser,

der Norden Italiens gehört zu den schönsten Motorrad-Regionen überhaupt. Zwischen den klassischen Zielen Dolomiten und dem Gardasee liegt das Trentino. Es gibt kaum ein Gebiet, das für uns Motorradfahrer so perfekt erschlossen ist - ca. 100 motorradfahrerfreundliche Hotels, Gasthöfe und Pensionen sprechen für sich.

Wir haben für Sie die interessantesten Touren in dieser zauberhaften norditalienischen Provinz zusammengestellt - bekannte und weniger bekannte Ziele, teilweise recht stark frequentierte und - noch - einsame Pässe und Straßen.

Wie immer darf auch Essen und Trinken nicht zu kurz kommen - und das kann man im Trentino wirklich ...

Viel Spaß beim Touren im Trentino wünscht Ihnen das Team von bike-book.com.

Herzlichst Ihr

Alfred Müller

An den Fünf Türmen (Tour 11).

6

Die schönsten Touren

Küche & Keller

Hotelverzeichnis

Trentino von A bis Z

Der Kurvenstar

Nur rund einen Kilometer von der Großstadt Trento entfernt beginnt die Auffahrt zum Monte Bondone. Sie hat mehr und anspruchsvollere Kurven als das legendäre Pordoijoch. Trotzdem ist die Strecke - zumindest wochentags - noch ein Geheimtipp. Mit vielen kleinen Nebenstrecken für Entdecker.

Blick von rund 1600 m Höhe vom Bondone auf die Brenta-Gruppe.

Trient, die quirlige Hauptstadt der Povinz, summt wie ein Bienenschwarm. Alles, was nicht arbeiten muss, ist draußen, sitzt in Cafés oder stürzt sich in den italienischen Verkehr. Wir beobachten das Treiben bei einem Cappuccino, machen uns dann noch zeitig am Vormittag auf den Weg.

Wir folgen der Beschilderung zum **Monte Bondone** (Achtung! Hier nicht auf die „45 bis", sondern den braunen Schildern nach), Richtung **Sardagna**. Und schon sind wir mittendrin: Auf rund 8 km schraubt sich die Straße von rund 200 m Höhe (Trient) hinauf, immer wieder gibt es neue, schöne Ausblicke auf die Stadt Trient und das **Etschtal**.

Die Straße bietet für jeden Geschmack etwas: Genuss-Tourer werden sich über die schöne Aussicht freuen, die Freunde sportlicher Fahrweise über die anspruchsvolle Straßenführung - einmal im Jahr ist die Strecke Austragungsort für ein internationales Bergrennen. Für die 17,3 km lange Strecke brauchen die Schnellsten nur knapp über zehn Minuten.

Ab **Sardagna** wird die Straße noch mal enger, die Straßenführung anspruchsvoller und steiler. Im Skiort **Vason** (ca. 1 650 m) geht's über einen kleinen Sattel - und ein gigantischer Blick auf die 3 000er der **Brenta** tut sich auf. Kurz dahinter ein Rastplatz, Zeit für einen ersten Foto-Stopp.

Über eine Hochebene, die durch einen Naturpark führt, geht es im Gebirge weiter, dann erreichen wir Richtung Westen eine Panoramastraße ins Tal.

Tour 1 Steckbrief

Länge:	**ca. 140 km**
Pässe:	**2**
Schwierigkeit:	**hoch**
Fahrspaß:	✪✪✪
Natur:	✪✪✪

Route: Trient, Monte Bondone, Lago di Cavedine, Arco, Nago, Loppio, Lago di Cei, Trient

✪✪✪ top ✪✪ sehr schön ✪ schön

Links: ***Die Straße von Trient hinauf zum Monte Bondone - Kurvenspaß pur.***
Mitte: ***In Cimone kreuzen sich die Wege: Man kann ins Etschtal, um den Lago di Cei oder weiter zum Bondone.***
Rechts: ***Am Lago di Cei ist kaum Verkehr.***

Abstecher: nach Norden zum Wasserschloss am **Lago di Toblino** - tolles Fotomotiv (ca. 13 km einfach).

Über **Pergolese** fahren wir auf Nebenstraßen durch Weinberge und Gemüsegärten parallel zum Ostufer des **Lago di Cavedine** Richtung Süden. Der See schillert grün, die Vegetation erinnert an einen Garten Eden. Überall Picknickplätze am See, ab und zu versuchen Angler ihr Glück.

Am Südufer des Sees wird die Natur plötzlich anders. Die Vegetation verschwindet, ein Erdrutsch hat die Gegend in eine kahle Mondlandschaft verwandelt: Wie von einer Riesenhand verstreut, liegen gigantische Steine und Felsen auf den Hängen - was für ein Gegensatz zur Landschaft vorhin!

Auf der viel befahrenen „45 bis", der Hauptverbindungsroute von Trient zum Gardasee, schwimmen wir im dichten Verkehr mit. Zeit, den Blick schweifen zu lassen. Vor uns ragen plötzlich die Zinnen der Burg von **Arco** in den stahlblauen Himmel, links und rechts Gärten und Weinberge.

Auf der Hauptstraße durchqueren wir **Nago**, fahren Richtung **Mori**. Kurz vor Mori, im kleinen Ort **Loppio**, geht's nach links wieder hinauf in die Einsamkeit bis **Ronzo-Chienis**.

Dahinter wird die Straße enger, oft nur 3 m breit. Aber was für ein Sträßchen! Serpentinen und Kurven satt, dazwischen kleine Geraden, mal Wald, mal Wiesen, mal rauf, mal runter. Und immer wieder diese herrlichen Blicke! Mal ragen Berge auf, mal sieht man Hunderte Meter tief hinunter ins Tal, in dem die **Etsch** glitzert.

Blick ins Etschtal
auf der Fahrt
von Loppio zum
Monte Bondone.

Oberhalb von **Villa Lagarina** folgen wir dem Schild **Lago di Cei**. Auf über 900 Meter liegt der kleine See, davor steht ein kleines Hotel mit Terrasse und schönem Blick.

Abstecher: Richtung Osten zweigt ein kleiner Weg in den Wald ab: In einem dichten „Märchenwald“ liegt ein Naturlehrpfad, herrliche Ausblicke.

Nach einer Kaffee-Pause geht es weiter: Der Belag hier ist fast neu, im Gegensatz zu der kleinen, verwinkelten Straße rauf, geht's flott Richtung Tal. Zügig erreichen wir **Cimone**. Hier zweigen Straßen in drei Himmelsrichtungen ab. Wir entscheiden uns für die Tour zurück auf den Monte Bondone (wer unter Zeitdruck ist, erreicht gleich rechts die Hauptstraße). Die Straße von Cimone zum Bondone hinauf ist ein echter Höhepunkt:

Über unzählige Kurven geht es stetig bergauf zu den Almen an den Hängen des Monte Bondone. Nur wenige Motorradfahrer und noch weniger Auto- und Radfahrer sind hier unterwegs. Doch mit dem Gefühl „kommt ja eh nix“ zirkeln manche etwas zu flott in die unübersichtlichen Kurven und dann kann es schon mal etwas eng werden ...

Nach ca. 20 abwechslungsreichen Kilometern, vorbei an **Garniga Terme**, erreichen wir wieder die Hochebene auf dem Monte Bondone. Ein Stopp auf dem herrlichen Aussichtspunkt muss sein - die Brenta sieht zu zu jeder Tageszeit anders aus - dann geht's die Serpentinen nach Trient hinunter.

Zeitaufwand/Reisetipps: Fahrzeit 3 bis 4 Stunden.

Die fahrerisch äußerst anspruchs- und reizvolle Strecke hinauf zum Monte Bondone lockt am Wochenende viele Kurvenschleifer.

Tour 1 Special-Tipps

Zwischen Arco und Ronzo-Chienis reizvoller kleiner Pass. Geheimtipp: Straße zwischen Valle S. Felica und Isera.

Naturfans sollten sich ein Picknick mitnehmen. Überall schöne Plätze, z. B. am Monte Bondone (s. Foto S. 6).

Der elegante Luftkurort Arco ist einen Stopp wert. Fußweg auf die Ruine von Arco (ca. 15 bis 20 min, s. nächste Seite).

Arco

13 600 Einwohner, 90 m ü. d. M. Ca. 6 km nördlich von Riva del Garda, die charakteristische Burganlage ist aus allen Richtungen schon von Weitem zu sehen.

Bereits die **Römer** erkannten die strategische Bedeutung des Burgfelsens, errichteten einen Stützpunkt. Über die Jahrhunderte wurde Arco mit Stadtmauern und Türmen zur Festung ausgebaut.

Zauberhafter **Stadtkern** mit mondänen Häusern (Arco ist Luftkurort) und viel Gastronomie.

Botanischer Garten tägl. 8 bis 19 Uhr geöffnet, Eintritt frei.

Burgruine tägl. von 10 bis 16 Uhr geöffnet, Wanderung hinauf ca. 15 bis 20 Minuten (ausgeschildert).

Höhenprofil Tour 1

Höhenmeter: ca. 8 300 (Steigung und Gefälle).
Höchster Punkt: ca. 1660 m (Monte-Bondone-Straße).
Tiefster Punkt: ca. 90 m (Arco).
Max. Steigung/Gefälle: ca. 15 %.

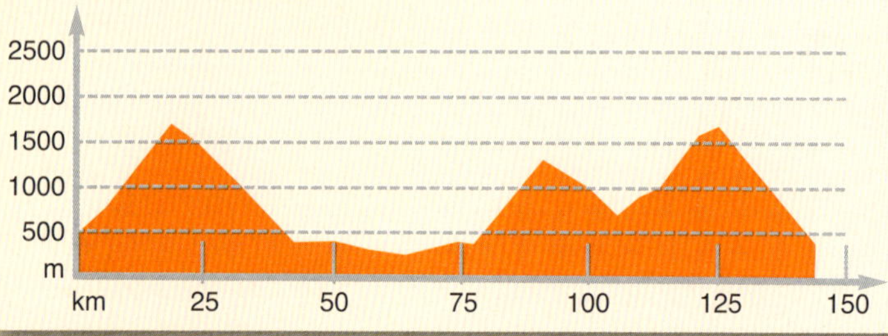

1
Lavis
Chez
2715
Gruppo di Brenta
Lago di Molveno
Monte Gazza
Paganella
2125
Lago Santo
Lago di Terlago
Vezzano
45bis
47
Castel Toblino
Lago di Toblino
Pergolese
Col di Castion
1476
Sardagna
TRENTO
29, 30
237
Monte Casale
1632
Monte Bondone
Vason
Palon
2091
349
45bis
Lago di Cavedine
Garniga Terme
Mattarello
Brento
1545
Cornetto
2180
12
Cimone
22
E45
Dro
Biaina
1413
Lago di Cei
Sarca
350
Arco
25-27
Monte Stivo
2059
Adige
Villa Lagarina
Volano
45bis
Riva del Garda
240d
Ronzo Chienis
ROVERETO
Monte Creino
1292
Monte Biaena
1618
Nago-Torbole
20-24
240
Mori
Loppio
Lago di Garda
249
46
Monte Varagna
1780
Brentonic
Monte Altissimo
2079
VENETO
4 Häuser, die sich auf Motorradfahrer spezialisiert haben. Adressen S. 135 ff.
Route
2,5 km
Gesamtlänge ca. 140 km
Pässe 2

Stadtführer

Trient

Steckbrief: Die 110 142 Einwohner zählende Renaissancestadt hat eine große Vergangenheit: Auf 194 m Seehöhe haben sich schon die alten Römer wohlgefühlt - archäologische Überreste belegen dies. Von 1545 bis 1563 fand hier das Konzil von Trient statt - katholische und evangelische Kirche trennten sich. Wer vom Castello del Buonconsiglio durch die Altstadt bis zum Domplatz bummelt, trifft auf mittelalterlichen Charme und Palazzi aus der Renaissance.

Dom S. Vigilio: Der aus dem 11. und 12. Jahrhundert stammende 72 m lange Bau ist besonders im Bereich der Apsis und der Vorhalle reich verziert.

Die mit Fresken bemalten Häuser sind eines der Wahrzeichen Trients.

Palazzo del Municipio Vecchio: Trient, Hauptstadt der autonomen Provinz Trentino, erwarb das Gebäude im Jahr 1481 und machte daraus das Rathaus (15. bis 19. Jahrhundert). Das Gebäude steht mit anderen prächtig bemalten Stadtpalästen in der Via Belenzani - für viele die schönste Straße Trients.

Castello del Buonconsiglio: Die Burg steht auf einem Felsen bei den Stadtmauern aus dem 13. Jahrhundert. Die einstige Residenz der Fürstbischöfe beheimatet heute ein Archäologie-Museum. Öffnungszeiten im Sommer: 10 bis 18 Uhr, Eintritt ab 6 Euro, Internet: ***www.buonconsiglio.it*** (engl.).

Doss Trento: Aussichtspunkt, Naturschönheit und Sehenswürdigkeit in einem - die 307 m hohe Erhebung am rechten Etschufer ist ein Universaltalent. Man genießt den Blick auf die Stadt oder erkundet die üppige Flora, die zum Teil belegt, dass es in der Region früher wesentlich wärmer war. Auf dem Hügel steht auch das Historische Nationalmuseum der Gebirgsjäger aus dem 1. Weltkrieg, freier Eintritt (Di. bis Do. 9 bis 12 Uhr und 13.30 bis 16.15 Uhr, Fr. 9 bis 12 Uhr).

Archäologische Ausgrabungsstätte: Im Herzen der Stadt, zwischen dem Teatro Sociale und der Piazza Battisti erstreckt sich ein 1700 Quadratmeter großes unterirdisches Areal, auf dem die 2000-jährige Geschichte der Stadt dokumentiert ist. Eintritt: 2 Euro, Öffnungszeiten: 1. Juni bis 30. September 9.30 bis 13 Uhr und 14 bis 18 Uhr (außer Mo.).

Monte Bondone (2090 m): Vielseitiges Erholungsgebiet vor den Toren der Stadt.

Stadtführungen: Jeden Samstag findet um 10 Uhr eine Besichtigung des Schlosses Buonconsiglio und um 15 Uhr eine Führung durch die Altstadt statt. Die Führungen kosten 3 Euro (Schlosseintritt zusätzlich: 3 Euro), Anmeldung nicht erforderlich, Treffpunkt: Informationsbüro Ufficio Turismo Trentino in der Via Manci 2.

Trento Card: Erhältlich für 24 (10 Euro) und 48 Stunden (15 Euro). Zahlreiche Vergünstigungen, z. B. auch Führungen durch Kellereien mit Weinprobe. Wird unter anderem im Tourismusbüro und in verschiedenen Museen verkauft.

Märkte: Jeden Morgen (außer So.) auf der Piazza Vittoria mit Obst, Gemüse, Fisch und regionalen Produkten. Besonders attraktiv ist der Markt während der Pilzsaison. Donnerstags ist in der Altstadt Wochenmarkt. Wer gerne stöbert, findet bei der Piazza Garzetti jeden 2. Samstag im Monat (außer Januar und August) einen Flohmarkt, ab 7 Uhr bis mind. 20 Uhr (Nov. bis Feb. bis 18 Uhr).

Internet-Points: Wer seine E-Mails checken will (oder muss): Call Me in der Via Belenzani (9 bis 21 Uhr; Internet Arena, Via XXIV Maggio 2/1 (Mo. bis Fr. 10 bis 2 Uhr, So. 16 bis 2 Uhr).

Osteria Tipica Trentina: Im Urlaub will man ja meistens einheimische Küche genießen. Deshalb haben wir uns bei unseren Tipps diesmal auf Häuser beschränkt, die das Gütesiegel „Osteria Tipica Trentina" tragen. Vor- und Hauptspeise, Dessert und Weine, alle angebotenen Waren stammen garantiert aus einheimischen Betrieben. Mehr Infos im Internet: ***www.trentino.to***

Ristorante al Vò: Probieren Sie unbedingt Minestrone, Vicolo del Vò 11, Tel.: 00 39/04 61/98 53 74, ***www.ristorantealvo.it***

Osteria a Le Due Spade: Regionale Küche, kreativ präsentiert und mit einem Michelin-Stern ausgezeichnet. Nicht ganz billig, aber man gönnt sich ja sonst nix! Fast noch besser als die Speise- ist die Weinkarte mit etwa 400 verschiedenen köstlichen Tropfen. Das Le Due Spade existiert seit 1545, So. Ruhetag, Via Don Arcangelo Rizzi 11, Tel.: 00 39/04 61/23 43 43, im Internet unter ***www.leduespade.com***.

Weinkellerei Ca'Vit: Der Weinproduzent stellt Rot-, Rosé-, Weiß-, sowie Schaumweine her. Führungen gibt es auf Anfrage, Via del Ponte di Ravina 31, Tel.: 00 39/04 61/38 17 11, Internet: ***www.cavit.it***.

ⓘ **Infos:** Das Tourismusbüro Azienda per il turismo Trento, Monte Bondone, befindet sich in der Via Manci 2, Tel.: 00 39/04 61/21 60 00, Internet: ***www.apt.trento.it***.

Trient

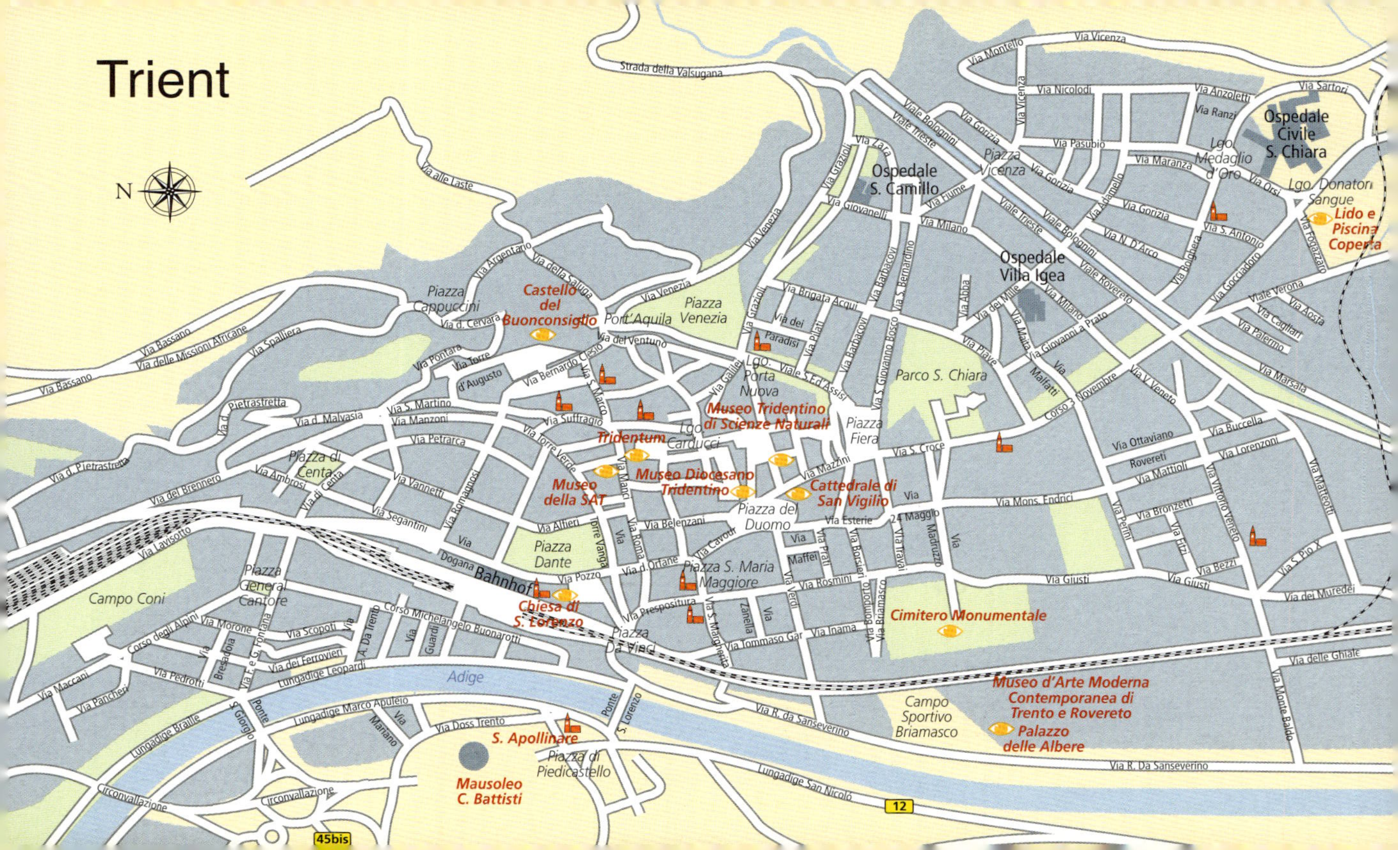
N
Castello del Buonconsiglio
Port'Aquila
Piazza Venezia
Piazza Cappuccini
Ospedale S. Camillo
Ospedale Villa Igea
Ospedale Civile S. Chiara
Lgo. Medaglio d'Oro
Lgo. Donatori Sangue
Lido e Piscina Coperta
Piazza Vicenza
Parco S. Chiara
Lgo. Porta Nuova
Museo Tridentino di Scienze Naturali
Piazza Fiera
Lgo. Carducci
Tridentum
Museo Diocesano Tridentino
Cattedrale di San Vigilio
Museo della SAT
Piazza del Duomo
Piazza Dante
Piazza S. Maria Maggiore
Bahnhof
Chiesa di S. Lorenzo
Piazza Da Vinci
Cimitero Monumentale
Museo d'Arte Moderna Contemporanea di Trento e Rovereto
Palazzo delle Albere
Campo Sportivo Briamasco
Piazza di Centa
Piazza General Cantore
Campo Coni
Adige
S. Apollinare
Piazza di Piedicastello
Mausoleo C. Battisti
Strada della Valsugana
12
45bis

Immer an der Wand lang

3 000 m erheben sich die Gipfel der Brenta, rundherum führt eine Straße, zum Teil aus dem Fels gebrochen. Mit Abstechern zu einsamen Tälern und glasklaren Seen.

Zwischen San Lorenzo und dem Lago di Molveno führt die Trasse durch Tunnel.

Madonna, was für eine Aussicht! Wir sind am Abend zuvor in **Madonna di Campiglio** angekommen, kilometerweit durch Gewitter, Dauerregen, Kälte und schließlich Dunkelheit gefahren. Kalt ist es noch immer hier auf 1500 m - doch der Wind hat die Wolken in der Nacht weggeblasen, die Luft ist klar, der Blick auf die Gipfel der Brentagruppe frei. Na denn nichts wie los - vor uns liegt eine lange Tour mit vielen Abstechern in romantische Täler.

Über das kurvige **Valle di Campiglio**, das wunderbare Ausblicke auf die Brenta-Gipfel ermöglicht, erreichen wir **Pinzolo**.

Abstecher: Naturfans sollten den Abstecher ins **Val Genova** machen. Eine kleine Straße führt durch ein schattiges Tal, nach einigen Kilometern erreicht man einen riesigen Wasserfall mit Rastplätzen.

Wir fahren weiter auf der „239“ Richtung Süden. Immer wieder geht es durch kleine Dörfer, wo draußen in den Straßencafés Einheimische und Touristen sitzen. Auf den Hängen stehen weit oben abgelegene Bergbauernhöfe, die Kirchen in den Dörfern sind mit Holzschindeln gedeckt, aus denen Gras und manchmal sogar ganze Sträucher wachsen. Nur eines trübt die Freude: Die „239“ ist eine Hauptverbindung, an Werktagen sind viele Laster unterwegs.

Tour 2 Steckbrief

Länge:	**160 bis 300 km**
Pässe:	**1**
Schwierigkeit:	**leicht**
Fahrspaß:	✪✪
Natur:	✪✪

Route: Madonna di Campiglio, Pinzolo, Tione, Ponte Arche, Molveno, Tuenno, M. di Camp.

✪✪✪ top ✪✪ sehr schön ✪ schön

Links: ***Die Südseite der Brenta ist fast lieblich - die Sarca hat ein grünes Tal geschaffen.*** *Mitte:* ***Molveno am gleichnamigen See.*** *Rechts:* ***Die Straße hinauf zum idyllisch gelegenen Tovelsee ist bei Gewitter, Sturm und nachts gesperrt.***

> **Abstecher:** Wer's ganz einsam liebt: Bei **Dare** über die **Sarca** fahren, auf der linken Uferseite parallel zur „237". Teilweise geht es hoch über dem Flusstal entlang.

Bei **Tione di Trento** biegen wir auf die „237" ab. Ein wunderbares Stück Asphalt: Erst geht es durch ein weites Tal, an einem Fluss entlang, mit schönem Blick auf die Berge ringsum, dann wird es immer enger, schließlich quetscht sich die Straße durch mehrere Tunnel zwischen zwei Felswänden hindurch nach **Ponte Arche**.

Durch eine enge Schlucht geht es steil bergauf, wir erreichen eine Kreuzung, an der eine abenteuerliche Brücke über einen tiefen Canyon führt. Da müssen wir hinüber (Richtung Molveno halten). Der folgende Straßenverlauf ist extrem kurvig, lässt kaum Zeit für Entspannung. Kurz hinter **Dorsino** wird die Straße sehr schmal, führt hoch über dem Tal durch mehrere kleine Tunnel. Ein herrliches Abenteuer - doch Vorsicht, hier verkehren auch Linienbusse, deren Fahrer in den Kurven und Tunneln kein Pardon kennen. Die Straße wird leider in den nächsten Jahren durch größere Tunnel und Verbreiterungen entschärft - der Reiz schwindet. Dahinter wird die Fahrbahn breiter, der Verlauf der Trasse sanfter. Nach einigen Kilometern sehen wir die Ausläufer des **Lago di Molveno**. Der See in über 800 m Höhe schillert in allen Türkistönen. Am Ufer gibt es im Sommer schöne Bademöglichkeiten. Am Ende des Sees liegt der

Molveno am gleichnamigen See liegt in rund 860 m Höhe.

gleichnamige Urlaubsort Molveno (864 m) - mit schönerem Blick kann man Cappuccino kaum trinken.

Unsere Fahrt führt uns weiter nach **Andalo**. Hier biegen wir rechts ab. Zunächst geht es durch dichten Wald, dann tut sich der Blick auf das rund 600 m tiefer liegende Etschtal auf, in das wir hinunterfahren. Oberhalb **Mezzolombardo** geht's zurück in Richtung **Denno**, **Tuenno** und **Cles**.

Abstecher: Freunde schöner Natur sollten zum **Lago di Tovel** rauffahren (im Sommer nur vor 9 und nach 17 Uhr befahrbar, bei Gewitter gesperrt). Der See (ca. 1700 m) gilt als einer der schönsten der Region.

Abstecher: Kurvensammler sollten eine Ehrenrunde um den **Lago di S. Giustina** drehen - der Straßenverlauf sucht seinesgleichen.

Abstecher: über die „42" bei **Male** ins **Val di Rabbi**. Das ca. 12 km lange Tal ist berühmt für seine geschnitzten Holzhäuser. Die Straße endet auf etwa 1000 m Höhe an einem Parkplatz.

Abstecher: das **Val di Pejo** ca. 12 km hinter Dimaro rauf ins Gebirge. Durch ein Flusstal erreicht man in vielen Kurven den Ort **Pejo Terme** in fast 1200 m. Und dahinter geht's weiter ins unbesiedelte Valle del Monte (Sackgasse).

Auf der „42" geht es weiter nach **Dimaro**, dann über den **Carlo Magno Pass** (1681 m) zurück zum Ausgangspunkt nach **Madonna di Campiglio**.

Zeitaufwand/Reisetipps: Fahrzeit 2,5 bis 3,5 Stunden für die kürzeste Strecke.

Wer alles sehen will, sollte für diese Rundtour besser zwei Tage einplanen.

Tour 2 Special-Tipps

Mit den in der Tourbeschreibung angegebenen Abstechern lässt sich die Etappe locker auf über 300 km erweitern.

Badestopp am Lago di Molveno. Sein Wasser gilt als eines der klarsten und saubersten in der Region. Allerdings kalt!

Kunst im Vorbeifahren: Fresko an der Außenwand der Kirche San Vigilio in Pinzolo von 1539. Sehr sehenswert!

Fahren Natur Kultur

Extra: Naturparks

Mit dem Motorrad in die unberührte Natur

Seit rund 30 Jahren werden im Trentino und in Südtirol immer mehr Natur- und Nationalparks ausgewiesen. Teilweise sieht man - zumindest in Naturparks - die Benutzung von Motorfahrzeugen nicht so eng. Viele schöne Strecken sind (noch) befahrbar. Sperrungen, die mit einem „Durchfahrt verboten" und dem Hinweis auf ein Landesgesetz gekennzeichnet sind, sollte man tunlichst einhalten. Diese Schilder dienen nicht dem Haftungsausschluss, sondern sind echte Verbote, die kontrolliert werden. Inzwischen wurden sogar Braunbären ausgesiedelt, man schätzt, dass hier etwa 20 leben.

Die wichtigsten Parks: Parco Naturale Ademello-Brenta, www.parcoademellobrenta.tn.it, Nationalpark Stilfser Joch, www.stelvio-park.it, Parco Naturale Paneveggio Pale di San Martino, www.-parcopan.org.

Höhenprofil Tour 2

Höhenmeter: ca. 6 400 (Steigung und Gefälle).
Höchster Punkt: ca. 1 681 m (Carlo Magno Pass).
Tiefster Punkt: ca. 280 m (bei Crescino).
Max. Steigung/Gefälle: ca. 15 %.

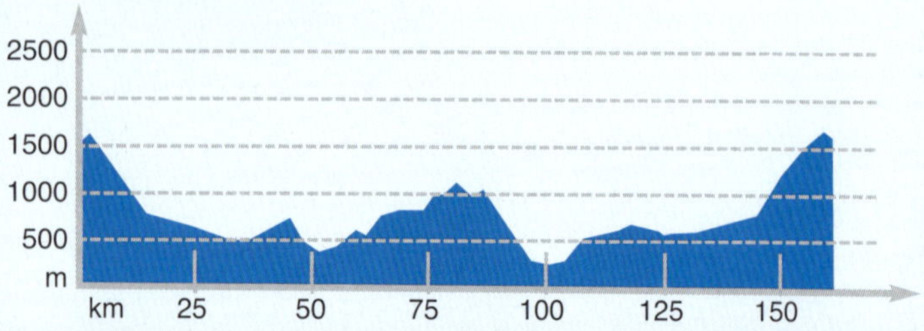

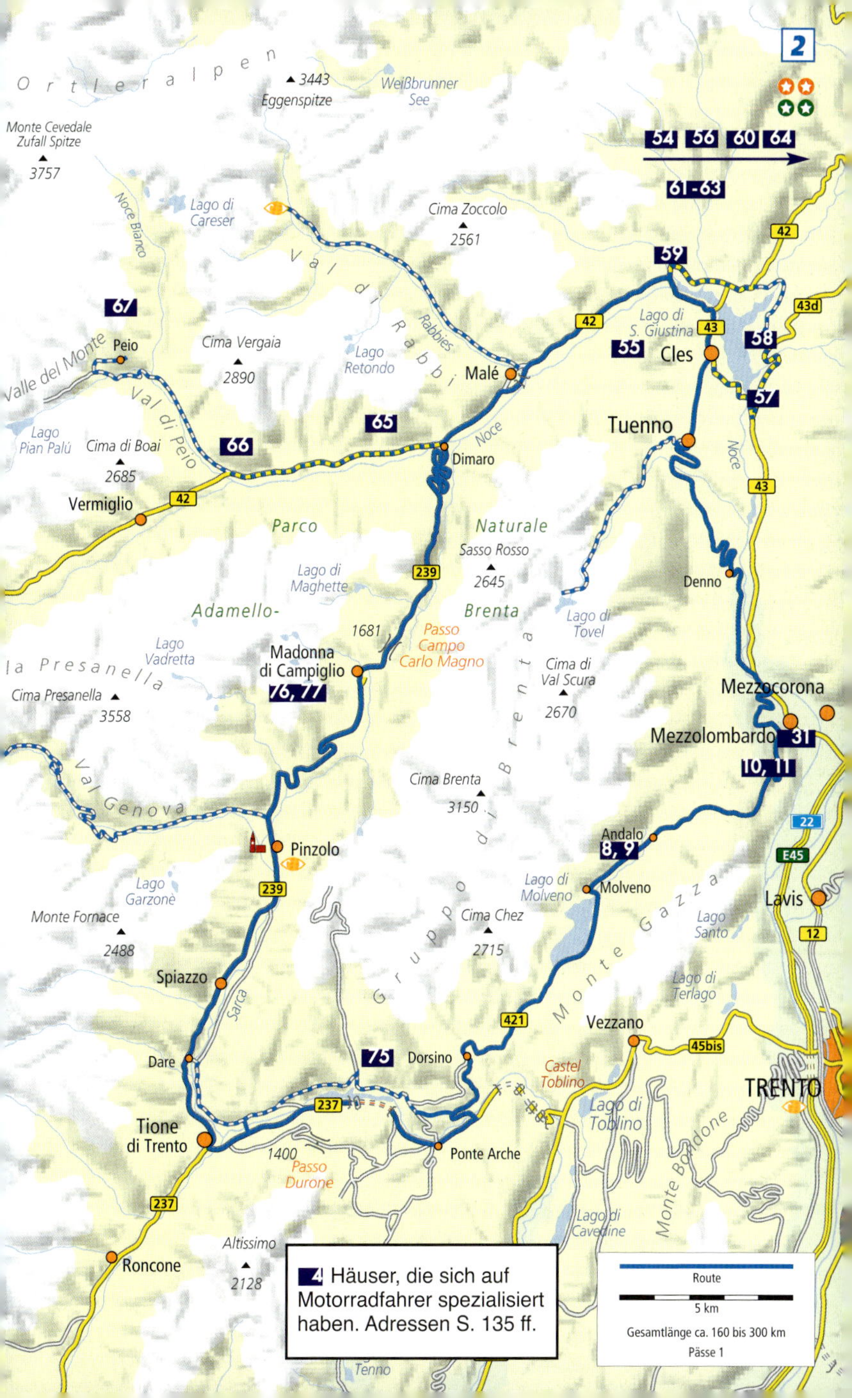
2
54 56 60 64
61 - 63
Ortleralpen
3443
Eggenspitze
Weißbrunner See
Monte Cevedale Zufall Spitze
3757
Noce Bianco
Lago di Careser
Cima Zoccolo
2561
Val di Rabbi
Rabbies
59
42
43d
67
Peio
Valle del Monte
Cima Vergaia
2890
Lago Retondo
Malé
Lago di S. Giustina
43
58
55
Cles
57
Val di Peio
65
Noce
Lago Pian Palú
Cima di Boai
2685
66
Dimaro
Tuenno
Vermiglio
Parco Naturale Adamello-Brenta
Sasso Rosso
2645
239
Lago di Maghette
Denno
Lago di Tovel
1681
Passo Campo Carlo Magno
Madonna di Campiglio
76, 77
Lago Vadretta
la Presanella
Cima Presanella
3558
Cima di Val Scura
2670
Mezzocorona
Mezzolombardo
31
10, 11
Val Genova
Cima Brenta
3150
Gruppo di Brenta
22
E45
Andalo
8, 9
Pinzolo
Lago Garzonè
Lago di Molveno
Molveno
Monte Fornace
2488
Cima Chez
2715
Monte Gazza
Lavis
Lago Santo
12
Spiazzo
Sarca
Lago di Terlago
421
Vezzano
45bis
75
Dorsino
Dare
Castel Toblino
TRENTO
Lago di Toblino
Tione di Trento
1400
Passo Durone
Ponte Arche
Monte Bondone
Lago di Cavedine
Altissimo
2128
Roncone
Tenno
4 Häuser, die sich auf Motorradfahrer spezialisiert haben. Adressen S. 135 ff.
Route
5 km
Gesamtlänge ca. 160 bis 300 km
Pässe 1

Abseits der Touristenströme

Südöstlich von Rovereto liegen schroffe, landschaftlich sehr schöne Täler. Ein Paradies für Kurven- und Naturfans.

Auf der Karte sieht die „46“ wie die Exklusivität der Langweile aus: ein fast schnurgerader Strich. Vielleicht deshalb lassen viele Biker (außer Einheimische) die Straße auf dem Weg in den Süden im wahrsten Sinne links liegen.

Doch schon nach einigen Hundert Metern hinter **Rovereto** geht's los. Würden Straßen nach einem Wunschzettel für Motorradfahrer gebaut - sie wäre die perfekte: Kurven aller Radien, kleine Felsüberhänge, ausgestellte Kehren, Grip ohne Ende - dazu eine Natur vom Feinsten. Kilometerlang zirkeln wir am Rand einer Schlucht entlang, die Straße führt immer höher, schließlich sind wir am **Fugazze Pass** (1162 m), dem ersten Gipfel dieser Tour.

Biker stehen hier in kleinen und großen Gruppen rum, vor allem am Wochenende ist die Höhe ein beliebter Treffpunkt. Einige Serpentinen weiter unten macht die Straße nach ca. 3 km einen scharfen Knick nach rechts, direkt in der Kurve führt eine Stichstraße hinauf zum Xomo Pass. Nach ca. 8 km Fahrt auf einer engen, unübersichtlichen Straße, erreichen wir die nächste Passhöhe, den **Xomo Pass** (1056 m). Von hier geht's weiter auf einer kleinen, kurvigen Straße durch den Wald, die oft stark verschmutzt ist, nach **Posina**. Das Nest liegt idyllisch tief drunten an einem kleinen Bach in der absoluten

Tour 3 Steckbrief

Länge:	**185 bis 255 km**
Pässe:	**4-6**
Schwierigkeit:	**mittel**
Fahrspaß:	✪✪✪
Natur:	✪✪

Route: Rovereto, Xomo Pass, Folgaria, Lago di Caldonazzo, Bedollo, Folgaria, Rovereto

✪✪✪ top ✪✪ sehr schön ✪ schön

Links: ***Der Borcola Pass bietet anspruchsvolle Auf- und Abfahrten.*** *Mitte:* ***Bei Luserna scheint die Straße direkt in den Himmel zu führen.*** *Rechts:* ***Im 1. Weltkrieg bauten Soldaten die Straße von Monterovere zum Lago di Caldonazzo.***

Einöde. Gut so, denn abseits der Hauptstraßen ist kaum Verkehr, das Fahren ein Genuss. Der aber durchaus steigerungsfähig ist: Kurz hinter Posina beginnt die Auffahrt auf den **Borcola Pass** (1 206 m). Vergleichsweise niedrig, hat's der Kleine in sich: Enger und steiler kann man Kehren kaum bauen, die Dinger folgen, je weiter man raufkommt, schließlich im 100-Meter-Takt.

Die Abfahrt ist - wie so oft im Trentino - ganz anders: Durch das zunächst enge T**erragnolotal**, das sich später weitet, führt die Straße am Hang entlang. Mal ein Dorf, mal etwas Vieh, kaum Verkehr - so dürfte es immer weitergehen. Bei **Piazza**, einem verschlafenen Bergdorf geht's nach rechts, wieder rauf in die Berge. Diesmal in weiten Kurven auf einer gut ausgebauten Straße. Schließlich erreichen wir **Folgaria** (1 166 m). Auf einer gut ausgebauten, aber kurvigen Straße erreichen wir den **Sommo Pass** (1 343 m). In der Gegend hier gibt es viele Militärforts, die zum Teil zu besichtigen sind.

Wir fahren weiter Richtung Osten auf kleinen, verschlungenen Straßen. Im ständigen Rauf und Runter, Rechts und Links kurven wir durch **Nosellari**, **Chiesa**, **Capella** - Orte, von denen wir bisher noch nie was gehört haben, aber eine Route, die man sich merken sollte. Ca. 5 km nach **Luserna** erreichen wir den **Vezzena Pass** (1 402 m). Er liegt auf der einsamen, idyllischen Hochebene von Lavarone.

Unsere Route führt zurück Richtung Rovereto. Nach weni-

An der „349“ etwas südl. des Lago di Caldonazzo liegt der Ort S. Nicolo.

gen Kilometern zweigt eine unscheinbare Straße nach rechts Richtung Caldonazzo ab. Die Abzweigung zu einem absoluten Highlight, dem **Kaiserjägersträßchen**. Tiroler Soldaten haben es im Ersten Weltkrieg gebaut, es führt von 1255 m Höhe runter zum Lago di Caldonazzo (480 m): ca. 12 km lang, Tunnel, die nur 2,50 m breit und hoch sind, aus dem Fels gehauene Serpentinen, grandiose Ausblicke auf den Lago di Caldonazzo und das Tal. Die Straße muss sehr aufwendig instand gehalten werden - im Sommer gibt's an Werktagen deshalb schon mal Fahrverbot, meist zwischen 9 und 18 Uhr.

Am **Lago di Caldonazzo** (Bademöglichkeiten), legen wir eine Siesta ein.

Abstecher: Höhenstraße über **Levico Terme**, **Pergine**, durchs einsame, schmale **Mochenital** rauf über den **Redebus Pass** (1 455 m) nach **Bedollo** und zurück über die kurvige, aber gut ausgebaute Straße vorbei am **Lago di Piazze** und **Lago di Serraia** zurück zum **Lago di Caldonazzo**. Ca. 70 km.

Nach einer Seeumrundung biegen wir bei **Calcerànico** ab, Richtung „349“. Die steile Hauptverbindung führt in vielen Kurven und durch Tunnel wieder rauf zum **Sommo Pass** nach **Folgaria**. Zum Abschluss noch ein Highlight. Auf rund 14 km überwindet die „350“ ca. 1000 Höhenmeter - immer wieder ergeben sich dabei herrliche Blicke auf die Brentagruppe am Horizont, das schroffe Tal tief drunten und das **Castel Beseno**, das auf einem gigantischen Felsen über dem Etschtal thront.

Zeitaufwand/Reisetipps: Fahrzeit 2,5 bis 3,5 Stunden.

Auf dem Kaiserjägersträßchen sind oft unvernünftige Verkehrsteilnehmer unterwegs.

Tour 3 Special-Tipps

Beschriebener Abstecher fahrerisch und landschaftlich reizvoll. Plus: Sträßchen östlich von Folgaria erkunden.

Schöne Bade- und Erholungsmöglichkeiten am Lago di Caldonazzo. Am Südufer weiße Kies-/Sandstrände.

Teilweise in den Fels gehauene Kapelle hinter Rovereto an der „46“. Beschreibung und Bild siehe nächste Seite.

Fahren Natur Kultur

Touren-Info

„46“ hinter Rovereto

Zur Erinnerung an den todesmutigen irischen Mönch **Columbanus**, der im 6. Jh. einem Drachen mit einer Sichel den Kopf abgeschlagen hat, wurde diese Kapelle (Foto oben) von den Bewohnern des Vallarsa kurz hinter Rovereto an die Felsen gebaut. Heute wird der Heilige angerufen, wenn der Fluss **Leno** über die Ufer zu treten droht. Kurzer Fußmarsch.

Castel Beseno

Hoch über dem Etschal thront das **Castel Beseno** (Foto S. 26/27). Seine Ursprünge gehen auf das 12. Jh. zurück, durch ihre exponierte Lage war die Burg Schauplatz vieler Schlachten. Im Laufe der Jahrhunderte wurde sie immer weiter ausgebaut, im Inneren gibt es z. B. einen Turnierplatz, auf dem heute noch verschiedene Aufführungen stattfinden.

Höhenprofil Tour 3

Höhenmeter: ca. 9 500 (Steigung und Gefälle).
Höchster Punkt: ca. 1 402 m (Vezzena Pass).
Tiefster Punkt: ca. 190 m (bei Rovereto).
Max. Steigung/Gefälle: ca. 15 %.

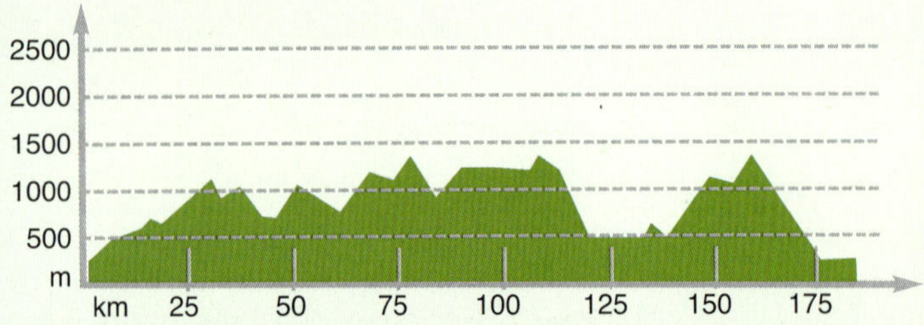

3
Dosso Alto
1550
S. Michele all'Adige
Segonzano
Noce
Avisio
Bedollo
Lago di Piazze
Passo di Redebus
1455
Lago di Molveno
Monte Gazza
2125
Paganella
Lago Santo
Lavis
Lago di Serraia
Baselga di Pine
Val dei Mocheni
Fersina
Lago di Terlago
Vezzano
Civezzano
Gronleit
2383
TRENTO
Pergine Valsugana
Lago di Toblino
Monte Bondone
Lago di Levico
Lago di Caldonazzo
Brenta
Levico Terme
80-84
Lago di Cavedine
Mattarello
Calceranico
Caldonazzo
85, 86
Cornetto
2180
Becco di Filadonna
2150
Monte Cimone
1486
Cima Mandriolo
2051
Passo di Vezzena
Lavarone
1402
Lago di Cei
Chiesa
Capella
Nosellari
Castel Beseno
Passo del Sommo
1166
1343
Luserna
Astico
Monte Stivo
2059
Adige
Volano
Folgaria
1-3
ROVERETO
1604
Martinella
Piazza
T. Leno di Terragnolo
Mori
1855
Monte Campomolon
Assa
Col Santo
2112
1206
Passo di Borcola
Monte Maio
1500
Brentonico
Monte Zugna
1864
Arsiero
Posina
Cogollo di Cengio
Passo di Xomo
1056
1162
Ala
Passo Pian delle Fugazze
VENETO
Santorso
Torrebelvicino
Schio
Route
5 km
Gesamtlänge ca. 185 bis 255 km
Pässe 4 - 6
4 Häuser, die sich auf Motorradfahrer spezialisiert haben. Adressen S. 135 ff.

Stadtführer

Rovereto

Steckbrief: 35 832 Einwohner, 204 m Seehöhe. Die Seidenproduktion hat Rovereto im 18. Jahrhundert eine Blütezeit beschert. Im 13. Jahrhundert wurde der nach Trient größte Ort des Trentino erstmals erwähnt. Damals stand er unter dem Schutz der Burg der Familie Castelbarco.

MART: Das Museum für Moderne und Zeitgenössische Kunst beeindruckt schon durch seine futuristische Bauweise. Eingeweiht am 15. 12. 2002, befinden sich hier Dauerausstellungen u. a. von Depero und Balla (Futurismus), Carrà und Morandi (Moderne Kunst des 20. Jahrhunderts), Di.

Museum für moderne und zeitgenössische Kunst in Rovereto - das MART.

bis So., 10 bis 18 Uhr, Fr. 10 bis 21 Uhr (Mo. geschlossen), Eintritt: 8 Euro. Corso Bettini 43, Tel.: 00 39/04 64/43 88 87, Internet: ***www.mart.trento.it***.

Friedensglocke: Der 1. Weltkrieg hat Rovereto stark zugesetzt. Der Ort war monatelang zwischen den Fronten gelegen. Dementsprechend groß ist der Wunsch der Bevölkerung nach Frieden. Davon kündet auch Maria Dolens: Sie ist die größte Glocke der Welt, die noch geläutet wird. Sie wurde aus Kanonen aller am 1. Weltkrieg beteiligten Länder gegossen und auf dem Miravalle Hügel aufgebaut. Jeden Abend läutet die Glocke 100 Mal.

Einsiedelei vom Heiligen Colombano: Von der Piazza Podestà in Richtung Vicenza durch den Tunnel über eine Brücke fahren, dann rechts über eine steile Straße zum Wasserkraftwerk. Die Wallfahrtskirche klebt wie ein Adlerhorst am Fels, wurde zwischen dem 10. und 12. Jahrhundert gebaut. Sie besteht aus Klause, Vorraum, Kirchturm und Kirche. Von April bis Oktober werden sonn- und feiertags von 14.30 bis 18.30 Uhr Führungen angeboten (mind. 10 P.), Tel.: 00 39/04 64/42 46 15.

Postkartenmuseum: Wie lange man wohl bräuchte, um alle 30 000 Postkarten, die im Museum in der Via Galvagni 10 in Isera warten, zu sichten? Eintritt frei, sehr untersch. Öffnungszeiten, Tel.: 00 39/04 64/42 08 40.

Castello di Rovereto: Im 14. Jahrhundert gebaut, von den Venezianern Ende des 15. Jahrhunderts umgebaut, sehr unterschiedliche Öffnungszeiten, Eintritt 5,50 Euro, Internet: ***www.museodellaguerra.it.***

Ristorante San Colombano: Gute Laune ist in diesem gemütlichen Lokal mindestens genauso wichtig, wie gutes Essen (Mo. und So. Ruhetag), Via Vicenza 30, Tel.: 00 39/04 64/43 60 06.

Albergo Cervo: Von Rovereto geht es über eine schicke Panoramastraße hinauf nach Folgaria und weiter nach Lavarone. Die Pizza ist lecker! Und wer vor Reiseantritt auf der Internetseite: ***www.albergocervolavarone.it*** vorbeischaut, kann sich einen Gutschein für ein Glas Wein ausdrucken (Stand: Januar 2008), Tel.: 00 39/04 64/78 32 37.

Vallagarina: Von der Autobahnausfahrt Rovereto Süd gelangen Sie schnell hin: Geschichte, Kultur, kleine Orte und ganz viel Natur zwischen Tälern und Berghängen zeichnen die Region entlang der Etsch (zwischen Trient und Verona) aus.

Brentonico-Hochebene: Liegt auf der Nordseite des Monte Baldo auf einer Höhe zwischen 500 und 2700 m. Ein ideales Gebiet für eine ausgiebige Pause. Viele hübsche Lokale und liebliche Natur: Seit dem 16. Jh. machen Forscher hier Jagd auf die voreiszeitliche Flora. Die Gegend ist ein beliebtes Kletter-Revier.

Festival Mozart Rovereto: Am 26. Dezember 1769 gab Wolfgang Amadeus Mozart in der San Marco Kirche in Rovereto ein Konzert. Auf Einladung des ranghohen Beamten Giuseppe Nicolò Cristiani Rall machte der Salzburger Komponist Urlaub im Trentino. An die große Freundschaft erinnert heute noch das Festival, das jedes Jahr im Herbst über die Bühne geht. Infos im Internet: ***www.festivalmozartrovereto.com*** (deutsch).

Militärgedenkstätte von Castel Dante: Der Wahnsinn des Krieges, dargestellt anhand eines von Biscaccianti in den Jahren 1936 bis 1938 erbauten Denkmals. 20 000 gefallene italienische, tschechoslowakische, österreichische und ungarische Soldaten fanden hier an der Gedenkstätte ihre letzte Ruhe, geöffnet Frühjahr bis Oktober Mo. bis Sa. 9 bis 18 Uhr und So. 9 bis 12 Uhr und 14 bis 18 Uhr, Tel.: 00 39/04 64/43 24 80.

Dinosaurierspuren: Südlich von Rovereto in der Gegend der Lavini di Marco sind die schrecklichen Echsen herumgetapst. Auf der Straße der Artilleristen zu einem Parkplatz. Von dort 15 Min. Fußweg.

ⓘ **Information:** APT Rovereto, Corso Rosmini 6. Öffnungszeiten: Mo. bis Sa. 9 bis 12.15 Uhr und 14.30 bis 18 Uhr (So. geschlossen). Tel.: 00 39/04 64/43 03 63. Viele Infos über die Stadt sowie Freizeit- und Kulturaktivitäten auch im Internet: ***www.aptrovereto.it***.

Rovereto

VALLUNGA
S. ILARIO
BRIONE
Piazza della Pace
Giardini Brione
Stadio Baratieri
Cimitero
Stadio "Quercia"
VALDIRIVA
S. GIORGIO
Zona Industriale
S. Giorgio
Piazza S. Giorgio
Polo Museale e Culturale
Giardini Perlasca
Piazza Rosmini
Piazza 25 Aprile
Piazza S. Marco
Museo Depero
Museo della Guerra
Largo Tacchi
S. Maria
Parco S. Maria
Ospedale S. Maria del Carmine
Santuario Madonna del Monte
Campana dei Caduti
Piazza Nazario Sauro
Piazza Achille Leoni
Giardini alla Pista
Museo Civico
Bahnhof
Centro Natatorio Comunale
Santa Croce
LIZZANELLA
Sacrario Militare Ossario Castel Dante
FUCINE
Centro Sportivo
BALDRESCA
AI FIORI
AI PRATI
NAVICELLO
Manifattura Tabacchi
Chiesa S. Giovanni Battista
Piazza Manifattura
SACCO
Piazza Filzi
Piazza Baroni
AL PONTE
Adige
N
12
240

HOTEL
BAR HOTEL

Riva del Garda: Fast schon kitschig schön ...

Eine Runde für Genießer

Der Gardasee: eingebettet zwischen schützenden Bergen, mildes Klima schon im Frühjahr und weit bis in den Herbst, garniert mit leichter Lebensart - eine Rundfahrt ist ein einzigartiges Erlebnis.

Über 2000 Mann kämpften sich rund zweieinhalb Jahre durch den Fels, sprengten auf einer Strecke von rund 30 km über 70 Tunnel in den Berg. Heraus kam eine der Traumstraßen dieser Welt, die **Gardesana Occidentale**, die Westuferstraße des Gardasees.

In **Riva del Garda**, am Nordende des Sees, flitzen schon frühmorgens die ersten Surfer übers Wasser, Mountain-Biker strampeln in Richtung Gebirge. Auch wir sind schon unterwegs - zur Umrundung des Sees. Linksrum oder rechtsrum? Geschmackssache! Im Uhrzeigersinn fährt man länger im Schatten, linksrum ist morgens und abends Sonne - das heißt länger und meist besseres Licht für tolle Fotos.

Die Tour beginnt in Riva del Garda. Durch das Gewirr von Einbahnstraßen geht's auf die „45 bis“ Richtung Limone. Gleich hinter Riva wartet der erste lange Tunnel. Die italienischen Straßenbauer arbeiten jedes Jahr außerhalb der Saison an den Tunneln, installieren seit Jahren bessere Beleuchtungsanlagen. Das sollte nicht zu Leichtsinn verleiten, die Lichtunterschiede zwischen der grellen Sonne und der Dunkelheit in den Tunneln ist extrem.

Die Gardesena Occidentale bietet extrem viel Kurzweil. Hinter jedem Tunnel gibt die Straße ei-

Tour 4 Steckbrief

Länge:	**ca. 200 km**
Pässe:	**keine**
Schwierigkeit:	**leicht**
Fahrspaß:	✪
Natur:	✪✪✪

Route: Riva del Garda, Limone, Toscolano, Sirmione, Bardolino, Malcesine, Riva del Garda

✪✪✪ top ✪✪ sehr schön ✪ schön

Links: ***Abendstimmung in Limone. Vor der Stadt gibt es einige kleine Parkbuchten.*** *Mitte:* ***Nicht jeder Tunnel ist so hell, in den meisten ist's stockfinster.*** *Rechts:* ***Das Wetter am See kann auch anders - trotzdem ist die Stimmung grandios.***

nen anderen Blickwinkel auf den See frei, hinter jeder Kurve ändert sich das Panorama.

Nach rund zehn Kilometern liegt plötzlich **Limone** zu Füßen des Bikers. Limone? Da denkt jeder sofort an Zitronen. Und die gelben Früchte sind tatsächlich Markenzeichen des Ortes. Doch das ist eigentlich eine kleine Mogelpackung: Der Name stammt ursprünglich von „Limes", was zu Römerzeiten ganz einfach Grenze bedeutete. Trotzdem: Schon die Römer bauten Zitronen am Gardasee an, doch mehr zur Zierde - das Klima war für die Früchte zu rau. Erst im 18. Jahrhundert kam der Durchbruch: Ein Adliger erfand das Zitronentreibhaus, der kommerzielle Anbau begann. Der Erfolg hielt jedoch nur bis zum Ersten Weltkrieg: Die italienische Regierung ließ Treibhausteile beschlagnahmen, daraus Unterkünfte für Soldaten bauen. Der Frost machte den Pflanzen den Garaus. Heute gibt's nur noch vereinzelt Zitronen (Infos zu Limone S. 92).

Von Limone geht's weiter auf der Gardesana nach Süden. Wieder viele Tunneln. Und dann kann man sogar richtig „U-Bahn fahren". Bei **Campione di Garda** haben die Straßenbauer durch den Berg einen Riesentunnel gesprengt, in der Mitte, unterirdisch, sind verschiedene Abzweigungen und Zufahrten zur Hauptstraße. Im Tunnel geht's rechts ab zum Ort mit Strand. Tipp: runterfahren, Cappuccino trinken und den Surfern zuschauen.

Solche spektakulären Sonnenuntergänge sind am Gardasee selten. Nur wenn der See wolkenverhangen ist und die untergehende Sonne die Wolken von unten anstrahlt, scheint der See zu glühen.

Nur wenige Kilometer südlich lohnt sich der nächste Abstecher: **Gargnano**. Schon im 19. Jahrhundert machte hier die High Society Urlaub, baute sich Villen oder wohnte in vornehmen Hotels, die es heute noch gibt.

Ab **Bogliaco** wird die Straße breiter, es gibt kaum noch Tunneln. Dafür jede Menge tolle Landschaft. Die Fahrt in den Süden ist wie eine Reise durch einen Blumengarten, überall an den alten Mauern blühen bunte Sträucher, an den Hängen des Ufers stehen riesige Zypressen.

Nächster Stopp in **Toscolano Maderno**. Die 6 900-Einwohner-Stadt, die ursprünglich aus zwei Orten bestand, liegt auf einer zwei Kilometer langen Halbinsel. Sehenswert: die Kirche Sant' Andrea in Maderno direkt am Hafen mit ihren Fresken und Wandmalereien.

Lust auf ein Museum der ganz anderen Art? Dann sollten Sie einen Stopp im Museum **Vittoriale degli Italiani** (Siegesdenkmal der Italiener) in **Gardone** einplanen. Die großen Selbstdarsteller unserer Zeit - sie alle könnten sich von **Gabriele D'Annunzio** (1863 bis 1938) eine Scheibe abschneiden. Bis zu seinem Tod sammelte der Schriftsteller wie ein Besessener: vom Flugzeug über Bücher, Schmuck, erotischem Krimskrams bis hin zum ausgewachsenen Schlachtschiff, das er in sein Museum schaffen ließ (Infos S. 47).

Gardone selbst galt im 19. Jh. als „Nizza des Gardasees". Wer reich war, zog hierher, kaufte sich eine Villa am See, verbrachte den Winter hier. 1888 baute der deutsche Architekt Ludwig Wimmer das Grand Hotel Gardone, der Aufstieg des Promi-Städtchens begann. Der österreichische Kaiser Franz Joseph ließ sich eine Residenz bauen, der italienische Diktator Benito Mussolini eine Villa für seine Geliebte.

Nur rund sechs Kilometer südlich von Gardone wartet die nächste Sehenswürdigkeit: **Salo**. Schon die Römer hatten hier einen der wichtigsten Verwaltungsorte errichtet, heute ist Salo (10 000 Einwohner) der größte Ort des Westufers.

Von Salo geht's weiter am Seeufer um die Bucht rum, dann scharf links Richtung San Felice del Benaco. Auf den drei kleinen Halbinseln mit den Orten **San Felice**, **Manerba**, **Moniga** und **Padenghe** sind die schönsten Sandstrände des Gardasees. Auch wegen der vielen kleinen Sträßchen lohnt sich ein Abstecher auf die Halbinseln, in den Ortschaften gibt's ver-

La Dolce Vita im Süden des Gardasees.

gleichsweise preiswerte Pizzerien zum Teil direkt am See.

Das nächste Ziel ist **Desenzano**. Ein römischer Tribun namens Desentius soll Gründer der Stadt gewesen sein. Auf alle Fälle wurden schon in der Antike Salz, Gewürze und Öl von hier aus per Schiff nach Riva gebracht. Eine Schiffsverbindung, die es übrigens heute noch gibt: Zweimal täglich verkehrt eine Autofähre nach Riva del Garda. Und weil hier nicht gar so viele Touristen sind wie im benachbarten Sirmione, gibt's in der 22 500-Einwohner-Stadt fürs Geld relativ viel.

Gleich ums Eck liegt **Sirmione**, die wohl schönste Stadt am Gardasee. Der uralte Ort liegt auf einer fast vier Kilometer langen, dünnen Halbinsel, umgeben von türkisfarbenem Wasser. Im Sommer ist hier jeden Abend Stau, Urlauber von den umliegenden Campingplätzen und Hotels wollen nur eins: rein in die Altstadt. Schon der Zutritt ist eine Sensation, nur über die Tore der mittelalterlichen Scaliger Burg geht's rein ins Vergnügen. Nur Anwohner und Lieferanten dürfen mit Fahrzeugen rein, die Altstadt ist praktisch Fußgängerzone. Und was für eine! Ein Ristorante am andern, an jeder Ecke ein neuer Platz, auf dem man draußen sitzen kann, überall kleine Geschäfte und Läden, Galerien und Kitschbuden.

Ganz oben an der Spitze der Halbinsel gibt es noch Reste

der Römer zu sehen, die hier siedelten: die Thermen des Catull. Thermen deswegen, weil auf dem Grund des Sees in 19 Meter Tiefe eine ca. 70 Grad heiße, schwefelhaltige Quelle entspringt, deren Wasser auch heute noch nach Sirmione geleitet wird.

Das folgende Straßenstück Richtung Osten ist das reizloseste am See. Die „11“ führt in einem Bogen um Peschiera rum, mündet in die „249“, erst bei **Lazise** geht's wieder ans Wasser.

Fünf Kilometer nördlich liegt der Ort, dessen Name die Herzen von Weinfreunden höher schlagen lässt: **Bardolino**. Der Wein schmeckt, wie sein Name klingt, süffig, nach lieblicher Gegend und mildem Klima. Das Stadtbild der 6000-Einwohner-Stadt wird von Villen beherrscht, wie in allen anderen Uferstädten ist der Hafen das Kleinod der Stadt.

Drei Kilometer nördlich von Bardolino durchqueren wir **Garda**, die Stadt, die dem See seinen Namen gegeben hat.

Wie Perlenschnüre liegen kleine, sehenswerte Orte an der Ostuferstraße, der **Gardesana Orientale**: Ob **Torri del Benaco** oder **Malcesine**, in das sich schon der große deutsche Schriftsteller Johann Wolfgang von Goethe verliebt hat - eine ist schöner als die andere (Beschreibungen der wichtigsten Sehenswürdigkeiten auf den folgenden Seiten).

Und auch die Straße wird wieder interessanter, der Verlauf kurviger, das Panorama auf die schroffen Felsen der Berge auf dem Westufer schöner. So endet die Tour, wie sie begonnen hat: einfach grandios.

Zeitaufwand/Reisetipps: Fahrzeit 3 bis 4 Stunden.

Wer halbwegs etwas sehen will, braucht für die Tour mindestens zwei bis drei Tage.

Tour 4 Special-Tipps

Vielfahrer, die flott unterwegs sind, werden mit dieser Tour nicht wirklich glücklich - eher was für Genuss-Tourer.

Landschaftlich bietet die Tour, vor allem auf der Nordhälfte des Sees, einen Höhepunkt nach dem anderen.

Das Vittoriale degli Italiani in Gardone dürfte eines der verrücktesten und ungewöhnlichsten Museen Europas sein.

Bardolino

6 200 Einwohner, 75 m ü. d. M.
Das wohl bekannteste Weinanbaugebiet am Gardasee liegt rund um den Ort Bardolino.

Die Kirche **San Severo**, die Ende des 11. Jh. aus Bruchsteinen errichtet wurde, gehört zu den besterhaltenen romanischen Kirchen.
Zum Sehen und Gesehenwerden geht man auf die **Piazza Matteotti**. Auf der Flaniermeile ist zu allen Tages- und Nachtzeiten was los, unzählige Cafés und Trattorien warten sowohl hier als auch am **Hafen** auf hungrige Gäste

Strada del Vino: Rund 50 Weingüter haben sich zu einer Weinstraße zusammengeschlossen, fast überall kann man probieren bzw. ab Hof kaufen. Adressen gibt's beim Fremdenverkehrsamt in Bardolino, die Straße, die auch landschaftlich recht schön zu fahren ist, ist ausgeschildert. *www.bardolino.net*

Garda

3 500 Einwohner, 75 m ü. d. M.
Die Stadt, nach der der See benannt ist.

Legende: Es war in grauer Vorzeit, als eine blauhaarige Nymphe namens **Engardina** in der Nähe des heutigen Ortes lebte. Ein junger Wassergott sah sie, verliebte sich total in sie und schenkte ihr einen See, in den sich die beiden Verliebten hineinwarfen. Und das Wasser wurde sofort so blau wie die Haare der schönen Engardina. So entstanden Garda und der gleichnamige See.
Wahrscheinlicher ist jedoch die These der Historiker, wie der See zu seinem Namen kam. Er heißt wohl nichts anderes als „Burgsee". Denn schon ab dem 5. Jh. stand hier eine Burg, die eine wichtige Rolle spielte. Im Althochdeutschen hieß eine Burg „garden", und dieser Name wurde schließlich auch für den Ort und später den ganzen See gebraucht.

Verwinkelte **Altstadt** mit vielen Gassen, Plätzen und tausend kleinen Restaurants. Der schönste Platz ist vor dem **Palazzo del Capitano**, dem gotischen Palast des Kapitäns, der direkt am Hafen iegt.

In Garda leben noch viele Menschen von der Fischerei. **Frühaufsteher:** Zwischen 7 und 9 Uhr kehren die Fischer zurück, verkaufen direkt am Hafen ihren Fang.

Gardone

2 400 Einwohner, 85 m ü. d. M.
Eine der elegantesten Adressen am Gardasee.

Das Museum **Vittoriale degli Italiani** von **Gabriele D'Annunzio** (1863 bis 1938). Einer der größten, umstrittensten Schriftsteller Italiens, Held des Ersten Weltkriegs: Am 9. August 1918 flog er in seinem **klapprigen Doppeldecker** nach Österreich, warf mitten über Wien antiösterreichische Flugblätter ab. Ein Jahr später besetzte er mit einer kleinen Gruppe Bewaffneter die Stadt Rijeka, die nach einem Waffenstillstand Jugoslawien zugesprochen worden war, hielt sie monatelang im Namen Italiens besetzt.
Nach dem Krieg kaufte er sich in Gardone **eine Villa mit Riesen-Park**, fing an, sein Museum zu bauen. Bis zu seinem Tod sammelte er wie ein Besessener. „Wir haben über **acht Millionen Ausstellungsstücke** archiviert", sagt Giorgio Zanetti, der Präsident des Museums. Irrwitzigstes Exponat ist die Puglia, das Schlachtschiff, das er befehligte und hierher an den Gardasee bringen ließ. **Geöffnet:** Gelände 8.30 bis 20, Museum 9.30 bis 18.30 Uhr. *www.vittoriale.it*

Gleich am Vittoriale vorbei führt in vielen Serpentinen eine **Panoramastraße** den Berg hinauf. Aus bis zu 400 Meter Höhe gibt's schöne Ausblicke auf den Ostteil des Sees. Die Straße führt

Auf der Puglia kann jeder mal gefahrlos Titanic spielen...

in einer Schleife wieder hinunter nach Gardone - auch hier immer wieder interessante Panoramen.

Giardino Botanico Hruska: Der Zahnarzt und Weltreisende **Arturo Hruska** errichtete 1913 einen botanischen Garten (2 ha). **André Heller** kaufte das Gelände vor ein paar Jahren.

Im Ort selbst gibt es eine zauberhafte **Uferpromenade** mit Cafés und Restaurants.

Limone

Infos auf Seite 92

Malcesine

Infos auf Seite 56

Sirmione

5 600 Einwohner, 70 m ü. d. M. Mit die älteste Siedlung, aufgrund der heißen Quellen seit Jahrhunderten ein beliebter Kurort.

Einzigartige Lage auf einer ca. 3,5 km langen **Landzunge**, die in den See hineinragt. Man betritt die Stadt durch die mächtige Skaliger-Festung, deren zinnenbewehrte Mauern die Stadt früher vor Eindringlingen schützte. Die **Skaligerburg** (13. Jh.) zählt zu den besterhaltenen Wasserburgen Europas. **Geöffnet** April bis September Di. bis Sa. 8.30 bis 13.30 Uhr, in den Wintermonaten auch So. und Mo. von 9 bis 13 Uhr. Die bis zu 47 m hohe Burg beherbergt ein kleines Museum, in dem Funde ab der **Römerzeit** zu sehen sind.

Malerische, größtenteils **autofreie Altstadt** mit vielen Cafés, Eisdielen, Restaurants, Geschäften. Viele kleine Gassen mit attraktiven Fotomotiven.

Anlegestelle der Personen- und Ausflugsschifffahrt. Mehr Informationen über die Gardasee-Schifffahrt finden Sie auf Seite 143.

Durch die Skaligerburg betritt man Sirmione - oder man lässt sich hineinrudern.

Die **Grotten des Catull** sind vom Namen her eigentlich irreführend - es handelt sich nicht um Grotten oder Höhlen, sondern um die Reste einer riesigen römischen Villa mit Gästehaus. Auf einer Fläche von rund 20 000 m² soll hier der römische Dichter Catull in bester Lage auf weißen Klippen oberhalb des Sees gelebt haben - was Experten heute bezweifeln. Die Anlage wurde um 150 n. Chr. erbaut, stürzte um 400 n. Chr. ein. **Geöffnet** im Sommer Di. bis So. von 9 bis 18 Uhr, in den Wintermonaten von 9 bis 16 Uhr.

4
Arco
Riva del Garda
12-19
20-24
Nago-Torbole
Sarca
Grotta Rossa 2192
Chiese
Storo
Laghetto d' Ampola
Lago di Ledro
Passo dell'Ampola
747
Monte Tremalzo 1974
Pregasina
Tempesta
Corno Nero 1402
Limone s. Garda
Monte Altissimo 2079
Monte Zenone 1424
1425
Bocca di Navene
Lago d'Idro
Idro
Cima di Mughera 1345
Pieve
Malcesine
Monte Dossioli 1518
Campione di Garda
Tignale
Gardesana Occidentale
Lago di Valvestino
Monte Zingla 1497
Muslone
Cima Valdritta 2218
Magugnano Brenzone
1129
Gargnano
2074
LOMBARDIA
Rif. Chierego 1911
Gardesana Orientale
Monte Pizzocolo 1582
Bogliaco
Castelletto di Brenzone
Monte Baldo
Monte Corne 1017
Vobarno
Toscolano-Maderno
Cecina
Pai
Lago di Garda
Gardone Riviera
Salò
Portese
Torri del Benaco
Caprino Veronese
San Felice del Benaco
Pieve Vecchia
Garda
VENETO
Manerba
Gardoncino
Bardolino
Adige
S. Ambrogio di Valpolicella
Moniga d. Garda
Padenghe sul Garda
Lido di Lonato
Sirmione
Lazise
Desenzano del Garda
Pescantina
237
240
240d
240
45bis
249
12
22
E45
572
11
567
4
450
4 Häuser, die sich auf Motorradfahrer spezialisiert haben. Adressen S. 135 ff.
Route
5 km
Gesamtlänge ca. 200 km
Pässe keine

Der Berg ruft

Bei Touren am See bleibt der Blick immer wieder an den steilen Bergen des Ostufers hängen. Wir sollten da mal rauf ...

Nur morgens sowie in der Vor- und Nachsaison ist es am Monte Baldo so einsam.

Es ist windig, schon fast stürmisch. Der Wind rupft die Palmen am Seeufer, auf der Wasseroberfläche kräuseln sich kleine, schaumbedeckte Wellen. Wind ist die ideale Voraussetzung nicht nur für Surfer, sondern für eine Bergtour. Denn Wind am Morgen heißt am Gardasee meist klare Luft und damit schöne Fernsicht. Also, nichts wie rauf auf den **Monte Baldo**.

Im Kreisverkehr von **Torbole** Richtung Trient. Die Straße geht steil rauf, im Rückspiegel ein letzter Blick auf den See. Die Straße schwingt in weichen Kurven auf und ab Richtung Osten. Leider kommt nicht so recht Fahrspaß auf, die Hauptverbindung zwischen Autobahn und Gardasee ist fast immer überlastet.

Bei **Mori** geht's rechts ab, rauf zum Monte Baldo. Zunächst ist die Straße breit, doch im weiteren Verlauf wird sie immer schmaler. Und herrlich kurvig: Der Asphalt ist griffig, der

Tour 5 Steckbrief

Länge:	**ca. 120 km**
Pässe:	**4**
Schwierigkeit:	**mittel-hoch**
Fahrspaß:	✪✪
Natur:	✪✪✪

Route: Torbole, Nago, Mori, Monte Baldo, Caprino Veronese, Malcesine, Torbole

✪✪✪ top ✪✪ sehr schön ✪ schön

Blick von Torbole auf die Nordseite des Sees. Nur an windigen Tagen ist's so klar.

Fahrbahnverlauf gut einsehbar - die ideale Strecke für ordentliche Schräglagen.

Kurz hinter der Kreuzung **San Valentino** wird der Straßenverlauf abenteuerlich alpin: Es geht durch ungesicherte, unbeleuchtete Tunnel, dahinter erstreckt sich der Rücken eines grasbedeckten Berges (**Cime di Ventrar**, 1757 m).

Schließlich ist die Fahrbahn nur noch etwa drei Meter breit. An den flotten Kurvenrausch von vorhin ist nicht mehr zu denken, das Tempo fällt auf rund 30 bis 40 km/h.

Bis auf 1617 Meter schraubt sich die Straße hinauf, sie ist oft von Kuhfladen verschmutzt, es gilt aufzupassen. Ab der **Bocca del Creen** (Fußweg zum Gipfel mit toller Aussicht) geht's wieder ordentlich bergab. Doch sachte: Einer der schönsten Aussichtspunkte ist leicht zu übersehen. Bei km 26 steht an der **Bocca di Navene** ein Rifugio. Ein Kaffee auf der Terrasse lohnt sich; wer das Geld sparen will, sollte wenigstens über die Plattform zum Hinterausgang gehen und einen Blick riskieren: absolut irre. An klaren Tagen sieht man sogar am gegenüberliegenden Ufer die abenteuerliche Straßenführung des **Tremalzo Passes**, der leider für Motorräder gesperrt ist.

Die Nordrampe des Monte Baldo - ein Kurvenspaß.

Ab dem Rifugio wird es recht unübersichtlich, im Sommer ist viel Verkehr, es empfiehlt sich, das Tempo weiter zu drosseln. Das Panorama ist ganz anders: rechts die 2 000er des Monte Baldo, links fallen Schluchten steil hinunter bis zur **Etsch**. Auf dem Höhenrücken überqueren wir zwei nicht beschilderte Pässe: den **Passo Campione** (1 384 m) und den **Passo del Casello** (1 079 m).

Bei **Spiazzi** passieren Wunder - glauben zumindest gläubige Italiener. In der Kirche **Madonna della Corona** (im 16. Jahrhundert erbaut, ausgeschildert, vom Parkplatz 15 bis 20 Minuten Fußmarsch) steht eine Statue, die über Heilkräfte verfügen soll. Unvergleichlich: die abenteuerliche Bauweise der Kirche und die Aussicht.

Im Süden wird die Landschaft lieblicher. Schönste Route: von **Caprino Veronese** über **Lumini** nach **Prada**.

Eine kleine Straße führt entlang an der Westflanke des Monte Baldo zum **Telegraf Pass** (1 129 m). Plötzlich geht es scharf nach rechts und die Straße scheint in der Luft zu hängen: rechts eine Steilwand, links fällt die Wand Hunderte Meter tief ab, unten liegt der Gardasee. Gleich um die Ecke ein toller Picknickplatz.

Auf rund zehn Kilometern führt die Straße mit bis zu 30 % Gefälle ins Tal, die Kehren sind extrem eng und steil. Schöne Blicke auf den See.

Ganz unten erwartet uns ein romantischer Olivenhain. Die Straße mündet bei **Sommavilla** auf die Gardesana Orientale. Über das malerische **Malcesine** geht es zurück nach **Torbole**.

Zeitaufwand/Reisetipps: Fahrzeit 3 bis 4 Stunden.

Wer nicht ganz sicher fährt, sollte ab **Caprino** besser über **Torri del Benaco** auf der Gardesana zurückfahren.

Tour 5 Special-Tipps

Die kleinen Straßen rund um Caprino Veronese in die Tour mit einbauen, sie sind vergleichsweise einsam, sehr kurvig.

Die Hochregion des Monte Baldo ist ein Garten Eden - rund 600 verschiedene Pflanzen wachsen hier, auch seltene.

In Malcesine einen Stopp einplanen. Die Stadt ist eine der malerischsten am See. Schon Goethe schwärmte von ihr.

Fahren Natur Kultur

Extra: Schneeschaukel

Wenn der April uns noch Frost beschert, ist es am Gardasee schon Frühling, alles grünt und blüht. Aber auf den Bergen liegt noch Schnee. Ein besonderes Vergnügen ist es, die kleinen Straßen und Wege vom See bzw. Etschtal hinauf auf den Monte Baldo zu fahren. An der Schneegrenze einfach wieder umdrehen, runterfahren und den nächsten Weg hinauffahren. Verrückt - aber garantiert einsam!

Malcesine

5 500 Einwohner, 90 m ü. d. M. Mit der beliebteste Ort am See.

Zauberhafte **Altstadt** mit vielen kleinen Plätzen und Restaurants und Cafés in allen (jedoch meist etwas höheren) Preislagen. Jahrhundertealte Häuser wie der **Palazzo dei Capitani**, in dem unter der Herrschaft der Venezianer (1405 bis 1797) der Gouverneur des Ostufers residierte. **Schöne Promenade, kleiner Hafen**.

Burg, die auf das 6. Jh. zurückgeht. **Goethe** wohnte während seiner „Italienischen Reise", über die er das gleichnamige Werk geschrieben hat, eine Zeit lang hier. Als er die Burg zeichnete, wäre er um ein Haar von den Behörden als Spion verhaftet worden.

Höhenprofil Tour 5

Höhenmeter: ca. 4 000 (Steigung und Gefälle).
Höchster Punkt: ca. 1 617 m (Monte Baldo Höhenstraße).
Tiefster Punkt: ca. 90 m (bei Torbole).
Max. Steigung/Gefälle: ca. 30 %.

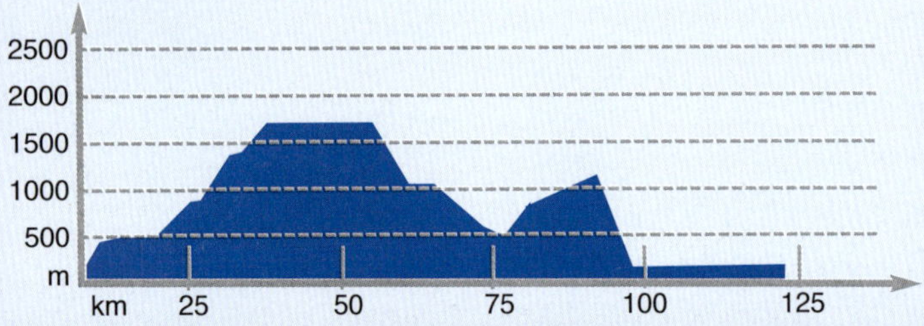

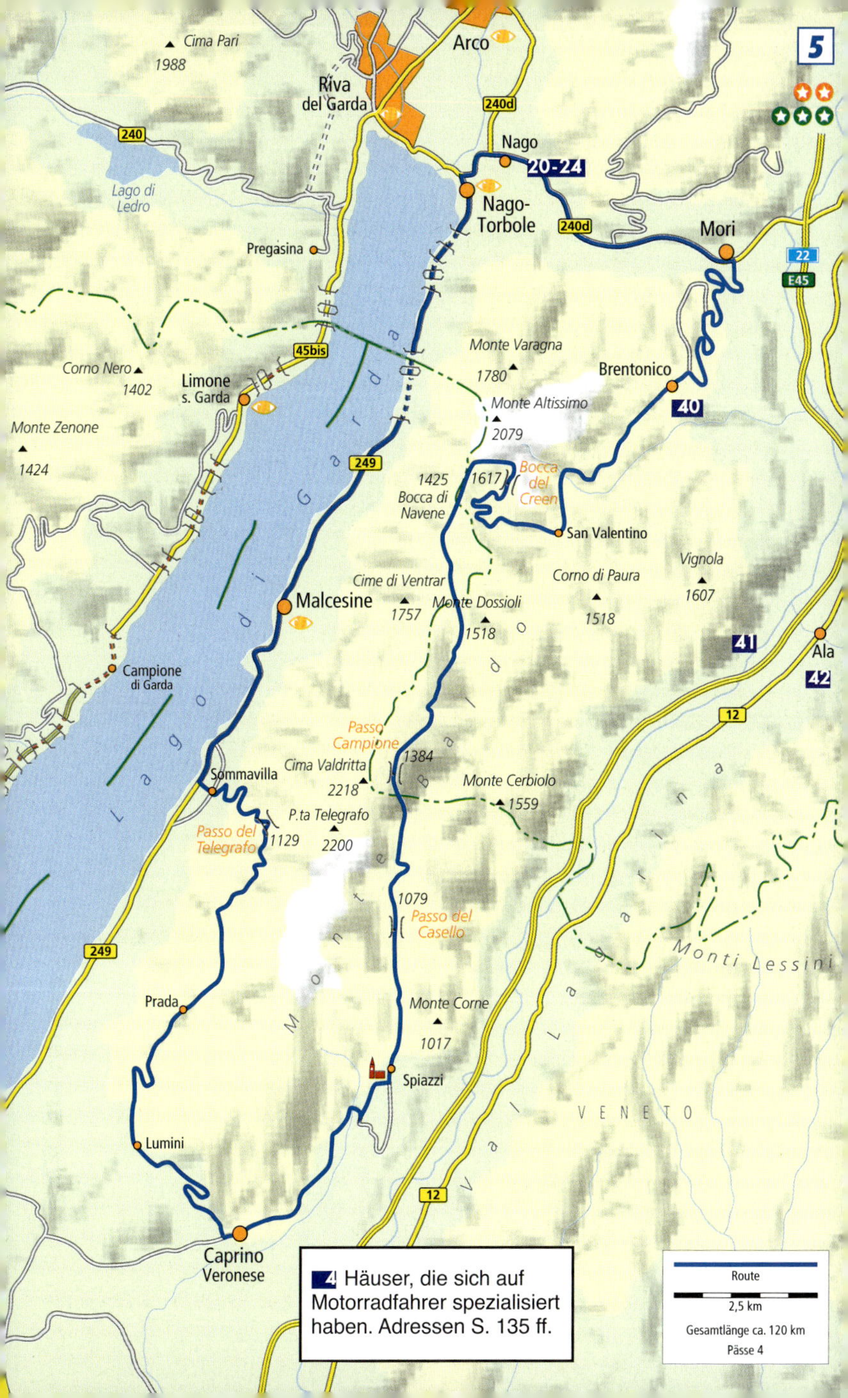
5
Cima Pari
1988
Arco
Riva
del Garda
240d
240
Nago
20-24
Lago di
Ledro
Nago-
Torbole
240d
Mori
Pregasina
22
E45
45bis
Monte Varagna
1780
Brentonico
Corno Nero
1402
Limone
s. Garda
Monte Altissimo
2079
40
Monte Zenone
1424
249
1425
1617
Bocca
del
Creen
Bocca di
Navene
San Valentino
Vignola
1607
Corno di Paura
1518
Cime di Ventrar
1757
Malcesine
Monte Dossioli
1518
41
Ala
42
Campione
di Garda
Passo
Campione
1384
12
Cima Valdritta
2218
Monte Cerbiolo
1559
Sommavilla
P.ta Telegrafo
2200
Passo del
Telegrafo
1129
Lago di Garda
Monte Baldo
1079
Passo del
Casello
Monti Lessini
Val Lagarina
249
Prada
Monte Corne
1017
Spiazzi
VENETO
Lumini
12
Caprino
Veronese
4 Häuser, die sich auf Motorradfahrer spezialisiert haben. Adressen S. 135 ff.
Route
2,5 km
Gesamtlänge ca. 120 km
Pässe 4

Im Reich der Stille

Ab von den klassischen Ausflugszielen und doch ganz in der Nähe des Gardasees liegen einige ruhige und interessante Motorrad-Ziele.

Der Lago di Tenno. Das rund 50 m tiefe Gewässer erwärmt sich im Sommer selten über 20°.

Der Morgen beginnt fast schon etwas künstlerisch. Zunächst mit der Fahrt durch **Riva del Garda** mit seinen herrschaftlichen Villen und Hotels, dann weiter in die Natur, die am frühen Morgen ein berauschendes Farbenspiel präsentiert. Schließlich ein bisschen Lyrik - doch keine Angst. An der „421“, etwa fünf Kilometer hinter Riva, ist der **Cascata Varone** ausgeschildert. Der berühmte deutsche Schriftsteller Thomas Mann war 1901 hier. In seinem Roman „Der Zauberberg“ beschreibt er den Wasserfall als wahnsinnige Dusche. Die „Dusche“ stürzt aus exakt 98 Metern in die Tiefe durch eine Klamm, der Bach **Varone**, gespeist vom **Lago di Tenno**, hat sich seit der letzten Eiszeit vor Zehntausenden Jahren in den Felsen gegraben. Und knabbert jedes Jahr vier Millimeter Fels ab - also nichts wie hin, sonst ist der Wasserfall weg ... Man spaziert durch einen Park zu Brücken, von denen man das Schauspiel beobachten kann. Geduscht wird man auch - die Gischt des Wasserfalls macht alles nass (Fotoapparat lieber stecken lassen).

Weiter geht's zum Lago di Tenno. 118 Stufen führen zum wohl ungewöhnlichsten Blau eines Gewässers überhaupt, eine Kollegin hat den See mal mit Gletschereis-Bonbons ver-

Tour 6 Steckbrief

Länge:	**ca. 180 km**
Pässe:	**2**
Schwierigkeit:	**leicht**
Fahrspaß:	✪✪
Natur:	✪✪

Route: Riva del Garda, Tenno, Fiave, Daone, Storo, Laghetto d' Ampola, Riva del Garda

✪✪✪ top ✪✪ sehr schön ✪ schön

Links: ***Der Tremalzo Pass ist für Motorräder nur noch einseitig befahrbar.*** *Mitte:* ***Der Lago di Malga Bissina ist ein Stausee. Im Ristorante davor hängen Bilder der Baumaßnahme.*** *Rechts:* ***Kein Platz im Turm? Dann läutet man eben draußen!***

glichen. Und so sieht er wirklich aus, am intensivsten ist seine Farbe morgens. Im Sommer steigt die Temperatur des Lago di Tenno allenfalls auf 20 Grad - nicht gerade ein Badesee für Warmdurscher.

Doch jetzt auf die Landstraße! Vom Lago di Tenno geht's weiter über griffige Straßen bis **Fiave**. Von hier zweigt ein kleiner Pass nach links ab, der leicht zu verpassen ist: Der **Durone Pass** geht auf rund 1400 Meter hoch, die Straße ist raufzu gut ausgebaut, die Landschaft lieblich. Runter ist sie schon eher ein echter Pass - es wird eng und kurvig, immer wieder gibt es abwechslungsreiche Ausblicke auf die Gebirgslandschaft ringsum. Bei **Tione** mündet die Straße in die „237", es geht weiter Richtung **Pieve/Brescia**. Eine Zeit lang führt die Straße wieder hinauf, bemerkenswert sind die vielen kleinen Orte mit Kirchtürmen, die aussehen, wie Festungstürme. Hier ist etwas mehr Verkehr, immer noch wenig genug, für entspanntes Bummeln.

Etwa drei Kilometer hinter Roncone das Schild **Val di Daone** nicht verpassen! Die kleine Straße ist der Höhepunkt der Tour. Auf 20 Kilometern führt sie am **Chiese** entlang, geht praktisch nur bergauf.

Vor fast 50 Jahren hat ein Heer von Straßenarbeitern in monatelanger Schufterei die Trasse geschaffen. Zunächst sieht man noch ab und zu ein kleines Dorf, dann noch das ein oder andere Haus, zuletzt führt

Schmale Ortsdurchfahrt bei Zuclo.

das Tal durch die Einsamkeit, vorbei an glatten Felsen, die immer bizarrer werden.

Sieben Kilometer vor dem Straßenende liegt, eingerahmt von Gipfeln bis über 2900 Meter, der **Lago di Malga Boazzo**. Sein Wasser ist türkis, eiskalt. Die Straße führt rechts an ihm vorbei, plötzlich ein Schild: Durchfahrt verboten. Ab hier geht's auf eigene Gefahr weiter, der schönste Teil beginnt. Die Landschaft wird wilder, immer wieder stürzt der Chiese in kleinen Kaskaden zu Tal, am Ufer schimmern tischgroße, glatte Steinbrocken in der Sonne. Serpentinen und kurze gerade Streckenstücke wechseln sich ab, Frostaufbrüche haben dem Fahrbahnbelag schon arg zugesetzt, ab und zu ist das Geländer am Straßenrand weggerostet.

Auf rund 1 800 Metern, kurz vorm Ende der Straße, liegt auf einer Hochalm ein kleiner sumpfiger See. Ein Stück weiter lädt ein Ristorante zur Einkehr ein. Es lohnt sich, reinzugehen. Denn in den Gasträumen hängen Collagen mit Originalfotos, die den Bau der Straße dokumentieren.

Grund der gigantischen Baumaßnahme: der **Lago di Malga Bissina**, ein riesiger, künstlicher Stausee. Die Straße diente nur einem Zweck. Hochschaffen von Material für ein Bauwerk der Superlative: über einen halben Kilometer lang, über 80 Meter hoch, am Fuße über 73 Meter dick - die Mauer staut über 78 Millionen Kubikmeter für Trinkwasserversorgung und Stromgewinnung.

An der Mauer etwas über dem Wasserspiegel gibt es einen kleinen Parkplatz. Das Panorama ist fantastisch, rings um den See sieht man gut ein halbes Dutzend Berggipfel, der höchste rund 3 400 Meter hoch. Bis in den Sommer sind die

Tour 6 Special-Tipps

Zu beiden Seiten des Chiese-Flusses einige interessante kleine Täler, die mit beiliegender Karte zu erkunden sind.

Cascata Varone. Der Ablauf des türkisfarbenen Tenno-Sees stürzt in einem fast 100 m hohen Wasserfall ins Tal.

Ristorante am Lago di Malga Bissina. Große Fotosammlung des äußerst aufwendigen Baus von Straße und Staudamm.

Fahren Natur Kultur

Berge weiß, schon ab Mitte September fällt wieder Schnee.

Ein letzter Blick auf den See, dann geht's wieder hinunter. Viel zu schnell sind die 20 Kilometer abgespult.

Die „237" Richtung Storo führt jetzt in ein weites Tal immer am kleinen Fluss **Chiese** entlang. Bei **Storo** geht's auf die „240" - 35 Kilometer Kurvenspaß rauf und runter zurück nach Riva del Garda liegen vor uns. Zunächst fahren wir zum **Ampola Pass** (747 m) hinauf.

Wenige Kilometer dahinter zweigt bei einem sumpfigen kleinen See, dem **Laghetto d' Ampola,** eine kleine Straße nach rechts ins Gebirge ab, führt 8 km auf den **Tremalzo Pass** (1702 m). Bis vor wenigen Jahren konnte man die Ostrampe, eine Schotterstraße mit abenteuerlicher Straßenführung, hinunter zum See fahren - inzwischen ist sie für Motorräder gesperrt.

Abstecher: kurz vor dem Tunnel bei **Biacesa de Ledro** Abzweigung nach rechts. Kleine, sehr anspruchsvoll zu fahrende Straße nach **Pregasina** hoch über dem See.

Zeitaufwand/Reisetipps: Fahrzeit 3 bis 4 Stunden.

Vergleichsweise einfach zu fahrende Tour, auch für Gebirgsneulinge gut geeignet.

Höhenprofil Tour 6

Höhenmeter: ca. 9 600 (Steigung und Gefälle).
Höchster Punkt: ca. 1 800 m (Lago di Malga Bissina).
Tiefster Punkt: ca. 90 m (bei Riva del Garda).
Max. Steigung/Gefälle: ca. 14 %.

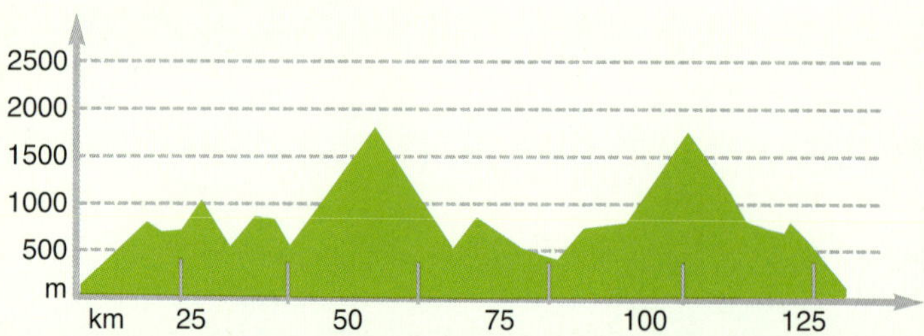

6
Val Genova
Pinzolo
239
Lago Garzonè
Cima Tosa
3159
Gruppo di Brenta
Monte Mandrone
3281
Lago d'Avio
Lago Benedetto
Lago Panatano
Adamello
Lago Dosazzo
Lago di Salarno
Monte Care Alto
3462
Spiazzo
Sarca
Lago di Malga Bissina
Val di Daone
Tione di Trento
237
1400
Passo Durone
78
Fiave
Monte Corona
2507
Lago di Malga Boazzo
Roncone
Altissimo
2128
Brento
1545
421
Chiese
Lago Nero
Ballino
Dro
45bis
Lago di Tenno
Pieve di Bono
79
Arco
Cascata Varone
Grotta Rossa
2192
Riva del Garda
12-19
Val d'Ampola
240
Laghetto d' Ampola
28
Lago di Ledro
20-24
Nago-Torbole
Passo dell'Ampola
Storo
747
Pregasina
249
Limone s. Garda
Monte Altissimo
2079
Monte Baldo
Lago di Garda
LOMBARDIA
Lago d'Idro
Cima di Mughera
1345
Malcesine
Campione di Garda
Cima Valdritta
2218
Route
5 km
Gesamtlänge ca. 180 km
Pässe 2
4 Häuser, die sich auf Motorradfahrer spezialisiert haben. Adressen S. 135 ff.

Motorrad-Abenteuer

Nur wenige Kilometer westlich des quirligen und mondänen Gardasees gibt es noch drei weitere, unbekanntere Seen. Dazu jede Menge einsame Straßen für jedes Fahrkönnen - und noch echte Motorrad-Abenteuer zu erleben.

Die Fahrt von Anfo zum Maniva Pass ist nur geübten, schwindelfreien Fahrern zu empfehlen.

Die rund 30 km nach **Gargnano** auf der Gardesana Occidentale vergehen wie im Flug. Auch bei mehrmaligem Fahren wird diese Straße nicht langweilig.

Etwa in der Ortsmitte geht's nach rechts rauf Richtung **Lago di Valvestino**, **Lago d'Idro**. Die Straße raus aus Gargnano ist wie für Motorradfahrer geschaffen: enge Kurven, ab und zu eine Serpentine, immer wieder neue Ansichten des Gardasees.

Vorm Abzweig nach **Sasso** noch mal ein Blick zurück, dann geht's ab ins Kurvengetümmel. Die Fahrbahn wird enger, der Belag schlechter. Am Straßenrand stehen immer wieder Schilder, die vor Flutwellen warnen. Der romantische kleine Bach **Toscolano** kann ganz schön wild werden, wenn die Schleusenwärter oben das Wasser des Lago di Valvestino ablassen.

Plötzlich sieht man die riesige Staumauer des Sees, die in den 60er- Jahren gebaut wurde. Ein paar Kehren später erreicht die Straße den Wasserspiegel, führt in vielen Kurven direkt am gehemnisvoll grün schimmernden See entlang.

Am Ende des Lago di Valvestino ist eine Kreuzung. Wir biegen nach rechts ab - die schönere Route. Die Straße führt weiter am Bett des Toscolano entlang, der im Sommer nur noch ein winziges Rinnsal ist, vorbei an **Turano**, einer Hand voll Häuser, die am Berg zu kleben scheinen, hinüber nach **Capovalle** (937 m hoch). Wie herrlich einsam es hier doch ist, kaum zu glauben, dass das quirlige Leben des Gardasees nur rund 20 Kilometer entfernt ist.

Die Straße runter zum **Lago d' Idro** kann man herrlich flott hinunterschwingen. Ca. drei Kilometer nach Capovalle geht in einer Rechtskurve nach links eine kleine Straße ab, der **Cavallino** bzw. **Fobbia Pass** (1117 m, ital. Passo del Cavallino della Fobbia, beschildert). Der Pass führt auf rund 1200 Meter hinauf, bietet immer wieder schöne Blicke auf den Idrosee und die Berge ringsum. In

Tour 7 Steckbrief

Länge:	**ca. 220 km**
Pässe:	**4**
Schwierigkeit:	**hoch**
Fahrspaß:	✪✪✪
Natur:	✪✪✪

Route: Riva del Garda, Gargnano, Valvestino, Anfo, Storo, Riva del Garda

✪✪✪ top ✪✪ sehr schön ✪ schön

vielen Serpentinen geht's runter nach **Vestone** und weiter nach **Lemprato** am Südufer des Idrosees.

Wir fahren am westlichen Seeufer entlang nach **Anfo**. Über dem Ort sieht man noch die Reste einer venezianischen Burgruine, die im 19. Jahrhundert eine wichtige Rolle spielte. Kaum zu glauben, von diesem Nest aus eroberte Garibaldi für die Italiener das Trentino. Heute bietet der Ort einen verträumten Strand (Parken direkt davor) und die beliebtesten Campingplätze des Sees.

In Anfo zweigt eine kleine Straße nach Westen ab. Über den **Spina Pass** (1521 m) geht es hinauf bis etwa 300 m vor die Passhöhe des **Maniva Passes** (1664). 2004 hat ein Erdrutsch die Straße unpassierbar gemacht. Eine Sanierung ist zwar geplant, wann sie durchgeführt wird, konnte uns auf Anfrage im Dezember 2007 niemand beantworten. Trotzdem ist die insgesamt rund 40 km lange Auf- und Abfahrt sehr

Oben: ***Gleich hinter Bocognano beginnt der Kurvenspaß.*** *Mitte:* ***Das Dorf Turano scheint am Berg zu kleben. Die Brücke führt übrigens nur in einen Waldweg.*** *Unten:* ***Anfo, kleiner verträumter Ort am Idrosee.***

Der Weg über den Fobbia Pass führt durch eine Kirche.

empfehlenswert. Der Verlauf ist abenteuerlich, die Blicke reichen Hunderte Meter tief.

Die Straße am Westufer verläuft in weiten Kurven Richtung Norden. Kurz vor **Storo** geht's wieder Richtung Riva del Garda. Jetzt warten noch ca. 40 Kilometer Kurvenspaß (Beschreibung s. Tour 6).

Lust auf echte Erfrischung? Kurz unterhalb des **Ampola Passes** führt die Straße mitten durch die Reste einer Burgruine. Hier finden Sie die garantiert kälteste Dusche der Region: Der **Ampola** stürzt über eine ca. 15 Meter hohe Klippe in einen Tümpel - Badespaß für ganz Harte.

Ein paar Kilomter weiter die nächste Sehenswürdigkeit: Unsere Vorfahren brannten hier Kalk, einen der wichtigsten Stoffe für den Hausbau. Die Italiener haben einige der riesigen Öfen restauriert, Tafeln davor erklären die Funktion.

Überhaupt ist die Gegend hier sehr geschichtsträchtig. Zehn Kilometer weiter, am **Ledrosee**, fanden Archäologen eine historische Sensation. Vor 4 000 Jahren entdeckten Menschen das Tal am See. Es war fruchtbar, holzreich, es gab Wasser und durch die Berge ringsum genügend Schutz - ein ideales Siedlungsgebiet. Die Menschen hier bauten nicht einfach Hütten, sondern hoch komplizierte Pfahlbauten im See. Als der Wasserspiegel des Sees 1929 für die Trinkwassergewinnung abgesenkt werden musste, kamen die Reste von rund 15 000 Pfählen zum Vorschein (Info nächste Seite).

Zeitaufwand/Reisetipps: Fahrzeit 3 bis 4 Stunden.

☝ Der Abstecher zum Spina bzw. Maniva Pass ist nur für geübte und sichere Fahrer geeignet. Fahrzeit für die 40 km hin und zurück ungefähr eine gute Stunde rechnen.

Tour 7 Special-Tipps

Abstecher vom Lago d'Idro über Lumezzane, Sarezzo Iseo zum gleichnamigen See, über Marcheno, Nozza zurück.

Ausreichend Pausen an den drei Seen Valvestino, Idro und Ledro einplanen. Schöne Bademöglichkeiten am Idrosee.

Kalköfen oberhalb des Ampola Passes. Jahrtausendealte Pfahlbauten am Ostufer des Ledrosees (Museum).

Extra: Die Ureinwohner

So wohnte man hier vor 4 000 Jahren

Auf dem Grund bzw. am Ufer des Ledrosees machten Archäologen 1929 eine erstaunliche Entdeckung: Sie stießen auf die Reste von 4 000 Jahre alten Häusern. Die Wohnungen waren auf Pfählen am See gebaut - der See versorgte die Bewohner mit Wasser, spülte Unrat und Abfall fort. Die Bronzezeitmenschen lebten von Ackerbau und Fischfang, gingen aber auch auf die Jagd. In der Gegend gab es viel Wald, in dem Bären, Rehe und Füchse lebten. Und es gab genug Holz für den Bau von Hütten und Booten.
Die Funde sowie ein Nachbau einer der Pfahlbauten (Foto) sind im **Museo delle Palafitte**, im Museum für Pfahlbauten, in **Molina di Ledro** zu sehen. **Geöffnet** vom 1. März bis 30. Juni und vom 1. September bis 30. November von 9 bis 13 und 14 bis 17 Uhr. Eintritt: 2,50 Euro.

Höhenprofil Tour 7

Höhenmeter: ca. 10 200 (Steigung und Gefälle).
Höchster Punkt: ca. 1 664 m (Maniva Pass).
Tiefster Punkt: ca. 90 m (bei Riva del Garda).
Max. Steigung/Gefälle: ca. 15 %.

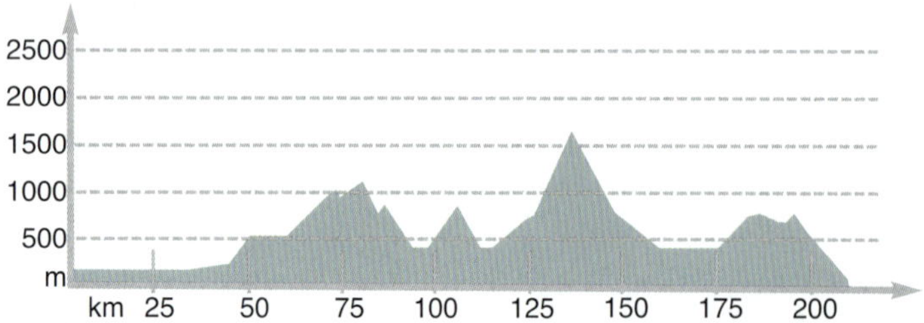

7
Monte Corona
2507
Lago di Malga Boazzo
Val di Daone
237
Roncone
Altissimo
2128
Lago di Vacca
Lago Nero
Chiese
421
Monte Ferone
2673
Pieve di Bono
Lago di Tenno
1892
79
Grotta Rossa
2192
12 - 19
Passo di Croce Domini
Riva del Garda
Val d'Ampola
240
Laghetto d' Ampola
28
Giogo della Bala
2176
Lago di Ledro
Storo
Passo dell'Ampola
747
Pregasina
45bis
1664
Passo di Maniva
Limone s. Garda
1521
237
Passo della Spina
Corna Zeno
1619
Anfo
Lago d'Idro
Cima di Mughera
1345
249
Capovalle
Turano
Campione di Garda
Malcesine
Idro
Vestone
1117
Lago di Valvestino
Cima Valdritta
2218
Nozza
Passo del Cavallino della Fobbia
LOMBARDIA
Sasso
Gargnano
237
Toscolano
Monte Pizzocolo
1582
Lago di Garda
Sabbio Chiese
Vobarno
45bis
Toscolano-Maderno
Monte Baldo
Gardone Riviera
Chiese
Salò
Torri del Benaco
Caprino Veronese
Gavardo
45bis
Garda
VENETO
249
Bardolino
Adige
Route
5 km
Gesamtlänge ca. 220 km
Pässe 4
4 Häuser, die sich auf Motorradfahrer spezialisiert haben. Adressen S. 135 ff.

Stadtführer

Riva/ Nago-Tórbole

Segel- und Surffans schwören auf den Wind am Gardasee.

Steckbrief: Die 15 155 Einwohner von Riva del Garda leben auf einer Seehöhe von ca. 90 m. Der Doppelort Nago-Torbole (2 569 Einwohner, etwas höher) hat gleich zwei Besonderheiten aufzubieten: Nago liegt am Fuße der Schlossruine des Castel Penede und gewährt einen sensationellen Blick über den See. In Torbole herrscht Motorbootverbot, so dass Sie hier am Ufer in aller Ruhe Surfer beobachten können.

Nago: Lauben, enge Gassen, kleine Plätze und gut erhaltene Herrenhäuser, das Viertel San Vigilio lohnt einen Spaziergang. Neben der Schlossruine belegen Festungen, dass der Ort als Nadelöhr vom Etschtal zum Gardasee strategische Bedeutung hatte.

Torbole: Bedeutung erlangte der Ort im Jahr 1439, als die Venezianer über den steilen Weg von Nago nach Torbole einige Kriegsschiffe zum See brachten und so gegenüber den Mailändern die Muskeln spielen ließen. Sehenswert sind der Hafen mit dem alten österreichischen Zollhaus aus

der k.u.k.-Monarchie und die Kirche Sant' Andrea. Hinter dem Hafen führen Stufen hinauf zum Gotteshaus. Wer sie erklimmt, hat einen tollen Blick über den See. Dass auch Johann Wolfgang von Goethe den Ort besuchte, zeigt eine Gedenktafel am Hauptplatz.

Riva del Garda: Auffällig ist die achteckige Form der Kirche Chiesa dell' Inviolata allemal. Erbaut im 17. Jh., gilt sie als schönste Barockkirche des Trentino. Auf der Piazza III. Novembre sind herrliche Paläste im lombardisch-venezianischen Stil zu bewundern. Hier steht auch das Wahrzeichen der Stadt, der 34 m hohe Turm Torre Apponale (erbaut: 1220). Und schließlich ist da noch die Rocca. Die Stadtburg von 1124 ist heute Sitz eines Volkskundemuseums, Piazza Cesare Battisti 3, Eintritt: 3 Euro, Tel.: 00 39/04 64/57 38 69.

Schloss Tenno: Schon die alten Schlossherren wussten die Schönheit des Gardasees zu schätzen und bauten sich ihre Prachtburgen mit Seeblick. In Tenno, unweit von Riva, steht so ein Schmuckstück.

Abgesehen davon ist das ganze Dorf eine Sehenswürdigkeit.

Ristorante Al forte Alto: Hier treffen Sie den Tankwart, den Hotelier und den Inhaber des Supermarkts von Nago. Wenn das kein Merkmal für Qualität ist. Einziges Manko: Das schmucke Lokal, das in einem alten Gebäude aus dem 19. Jahrhundert untergebracht ist, ist meistens voll, so dass es schon mal zu Wartezeiten kommt. Via Castel Penede 16, Nago, Tel.: 00 39/04 64/50 55 66, Internet: ***www.alfortealto.it***

Ristorante Restel de Fer: Man nehme 3 Lachsforellen zu je 400 g, 0,3 Liter Olivenöl, Oregano, Basilikum, Thymian, Salbei, Pfeffer, Salz und 2 kg festkochende Kartoffeln. Wenn Ihnen jetzt das Wasser im Mund zusammenläuft, können Sie die Zubereitung auf der hauseigenen Seite

www.resteldefer.com im Bereich Rezepte nachlesen. Oder Sie lassen sich das ausgezeichnete Gericht vom Chefkoch im Restaurant in Riva del Garda zubereiten, Via Restel de Fer 10, Tel.: 00 39/04 64/55 34 81.

Surfer's Grill: Auch wenn Sie sich mit den zahlreichen Surfern um die besten Plätze am See streiten müssen: Die Grillspezialitäten sind lecker, Via Sarca Vecchio 5, Torbole, im Sommer kein Ruhetag, im Winter Mo. geschlossen. Tel.: 00 39/04 64/50 59 30.

ⓘ **Info:** Touristinfo Riva del Garda, Giardini di Porta Orientale 8, Tel.: 00 39/04 64/ 55 44 44. Touristinfo Nago-Torbole, Via Lungolago Verona 19, Tel.: 00 39/04 64/50 51 77, alle Infos zu den Orten und dem See finden Sie im Internet unter: ***www.gardatrentino.it***.

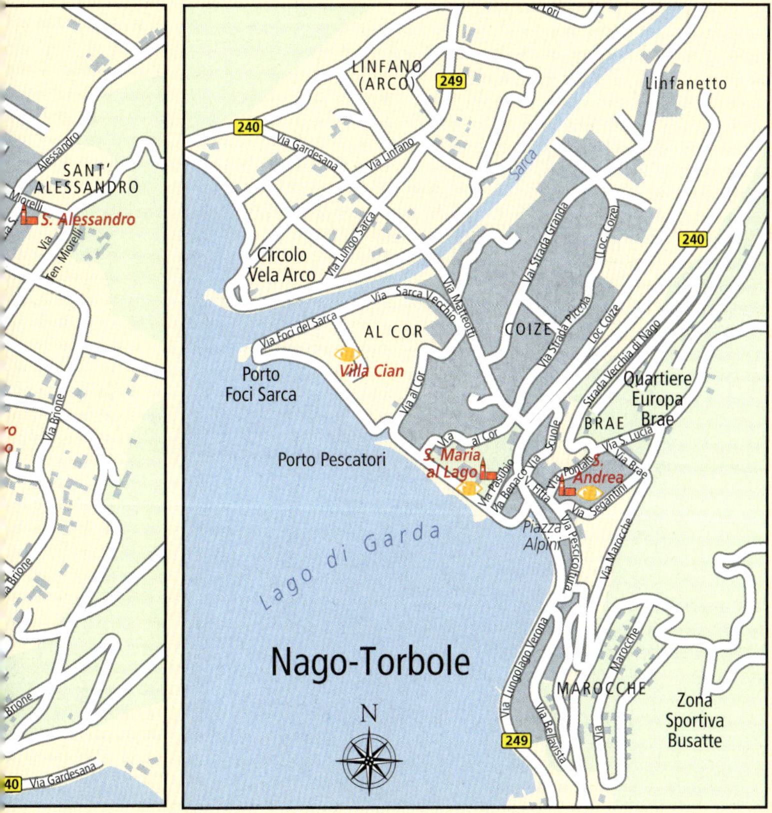

Am Kreuz des Herrn

Passo di Croce Domini - Kreuz des Herrn - heißt ein Pass zwischen dem Trentino und der Lombardei. Wer die Strapazen der Auffahrt auf sich nimmt, erlebt schönste Ausblicke.

Die Verbindung von der Goletto di Crocette zum Passo di Croce Domini.

Tour 8

Am Kreuz des Herrn

! Auch wenn die Bilder hier nach Schotter-Tour aussehen - bis auf einen ca. 50 m langen Abschnitt über einen geschotterten Parkplatz kann man alles komplett auf Asphalt fahren.

Viele Wege führen zum Kreuz des Herrn, zum **Passo di Croce Domini**, sowie dem **Goletto di Crocette** und dem **Maniva Pass**, drei Pässen im Grenzgebiet zwischen dem Trentino und der Lombardei.

Wir starten in **Riva del Garda**, fahren über die Gardesana Occidentale hinunter nach **Salo**. In weiten Kurven geht es hinauf ins Gebirge, immer am Flusslauf des **Chiese** entlang, dem Abfluss des **Idrosees**.

Bei **Vestone** biegen wir nach links Richtung **Forno D'Ono** ab - und tauchen ein ins alte Italien, weit weg von den Touristenströmen und dem Trubel rund um den Gardasee. Die winzige Straße führt durch Wiesen, Felder und Wälder, sie ist extrem kurvig, fast ständig geht es rauf oder runter. Ab und zu steht mal ein Gehöft etwas abseits des Wegesrands, ganz selten durchqueren wir eine Siedlung. Diese kleine Welt hier gehört den Bauern - und den wenigen Motorradfahrern, die sich hierher verirren. Weder die Natur noch die Straßenführung ist besonders spektakulär, die Hügel ringsum sind nur rund 1000 m hoch - was den

Tour 8 Steckbrief

Länge:	**ca. 220 km**
Pässe:	**6**
Schwierigkeit:	**hoch**
Fahrspaß:	✪✪✪
Natur:	✪✪✪

Route: Riva del Garda, Salo, Sabbio Chiese, Vestone, Tavernole, Bagolino, Riva

✪✪✪ top ✪✪ sehr schön ✪ schön

Reiz dieser Strecke ausmacht, sind die Ruhe und Einsamkeit, das schon fast meditative Schwingen rechts und links, rauf und runter auf der kleinen Straße.

Bei **Tavernole** biegen wir nach rechts auf die „345“ ein - hier beginnt der Aufstieg zum Maniva Pass. Zunächst geht es sanft bergauf, die Kurven sind weit, das Tempo entsprechend recht zügig. Das ändert sich ab **Collio**. Innerhalb von nur etwa 12 km schraubt sich die Straße um 800 Höhenmeter auf den **Maniva Pass** (1664 m) hinauf. Serpentinen gibt es auf dem Weg hinauf genug, der Asphalt ist sehr grob, aber griffig.

Am Scheitel des Passes ist eine Kreuzung, an der an einem großen geschotterten Parkplatz zwei Restaurants in unterschiedlichen Preisklassen stehen. Wer im Frühjahr oder Spätsommer hier ankommt -

Links: ***Auch unter den Wolken ist die Freiheit grenzenlos ...*** Mitte: ***Zwischen Maniva Pass und Croce Domini ist der Asphalt oft ziemlich löchrig bis einfach nicht vorhanden.*** Rechts: ***Idylle im Caffaro-Tal. Esel gucken neugierig, wer da fährt.***

meist ist es dann schon recht kühl -, kann sich in beiden am offenen, knisternden Kamin- bzw. am Holzofenfeuer wärmen ...

Hinweise: Vom Maniva Pass zweigen drei Straßen ab:

Nach **Nordosten** sollten sich Biker orientieren, die Asphalt fahren wollen: geradeaus über den Schotterparkplatz (ca. 50 m). Eine kleine, elf Kilometer lange Straße führt steil hinunter nach **Bagolino**, mitten durch ein Skigebiet. Die Route verkürzt sich so um etwa 30 km bzw. eine knappe Stunde.

Vom Passo di Croce Domini zweigt eine ca. 7 km lange Verbindung zum Maniva Pass ab.

> Nach **Südosten** geht es über den Spina Pass hinunter zum Idrosee (s. Tour 7, ab S. 67). Die Straße ist allerdings seit 2004 verschüttet, man sieht von der Passhöhe den Absturz - und ob er vielleicht schon repariert wurde.

Wir fahren weiter nach **Nordwesten**. Eine interessante Straße führt in vielen Kurven mit schönen Ausblicken auf Berge und schroffe Täler hinauf zum **Goletto di Crocette** (2 070 m). Die Straße ist in einem guten Zustand, asphaltiert. Straßenfahrer sollten auf alle Fälle einen Abstecher hier herauf machen, bevor sie nach Bagolino hinunterfahren.

Mit dem guten Zustand ist's an einer Radarstation auf der Scheitelhöhe des Passes vorbei. Ab hier beginnt ein äußerst interessantes, ca. 7 km langes Sträßchen, das über den **Giogo della Bala** (2 176 m) hinüber zum Passo di Croce Domini führt. Die Fahrbahn ist nur noch teilweise asphaltiert, der Frost hat Löcher in den Asphalt gerissen, teilweise fehlt er gänzlich. Nach Regen oder Gewitter laufen Rinnsale über die Fahrbahn oder stehen Pfützen; Bike und Reiter werden dann ganz schön eingesaut ...

Wir haben den Pass mit Reiseenduros (BMW F 650 GS und R 1200 GS) bereist, jedoch auch Straßenfahrer getroffen - ein Paar war sogar mit einer Yamaha FJR unterwegs.

Die Straße bietet schöne Ausblicke. Am Horizont im Westen die schneebedeckten Berge der Alpengipfel im Grenzgebiet zwischen Italien und der Schweiz, zu Füßen schroffe Täler, ab und zu mal Almwiesen.

Am **Passo di Croce Domini** (1 892 m) biegen wir nach rechts ab. Geografisch korrekt wäre zu erwähnen, dass sofort im Anschluss zwei Passhöhen

Tour 8 Special-Tipps

Eventuell Tour 9 hier mit einbauen. Empfehlenswert jedoch nur für Fahrer, die viel sehen wollen und wenig Zeit haben.

Auffahrt und Ausblicke vom 2070 m hohen Goletto di Crocette. Die Straße ist bis zur Passhöhe asphaltiert.

Im Städtchen Bagolino, in dessen Umgebung früher Erz abgebaut wurde, scheint die Zeit stehen geblieben zu sein.

Fahren Natur Kultur

folgen: der **Goletto di Cadino** (1 938 m) und der **Goletto Gaver** (1 735 m). In der Praxis nimmt man sie aber kaum wahr, sie sind auch nicht beschildert. Umgangssprachlich fährt jeder nur über den „Croce“.

Es geht hinunter ins Flusstal des Bächleins Caffaro. Die Straße ist ziemlich anspruchsvoll, es gibt steile, sehr enge Kehren. Der Belag hat an vielen Stellen tiefe Frostaufbrüche, die regelmäßig - aber im Grunde vergeblich - von den Straßenbauern ausgebessert werden.

Nach ca. 13 km erreichen wir **Bagolino**. Der Ort, den es schon seit dem 10. Jh. gibt, liegt hübsch auf rund 800 m, hat einen zauberhaften alten Ortskern - eine kleine Reise in die Vergangenheit.

Von Bagolino aus geht es in Kurven unterschiedlicher Radien einen kleinen Sattel hinauf, dann führt eine schnelle, kurvige Strecke hinunter zum Idrosee, auf den die Straße herrliche Blicke eröffnet.

Zurück nach Riva del Garda geht es über Storo, vorbei am Ledrosee - eine Strecke, die wir schon aus Tour Nr. 7 kennen.

Zeitaufwand/Reisetipps: reine Fahrzeit 3 bis 4 Stunden.

Auf dem Goletto di Crocette kann es schnell Wetterumschwünge geben - unbedingt Regensachen mitnehmen!

Höhenprofil Tour 8

Höhenmeter: ca. 7 400 (Steigung und Gefälle).
Höchster Punkt: ca. 2 176 m (Giogo della Bala).
Tiefster Punkt: ca. 90 m (bei Riva del Garda).
Max. Steigung/Gefälle: ca. 15 %.

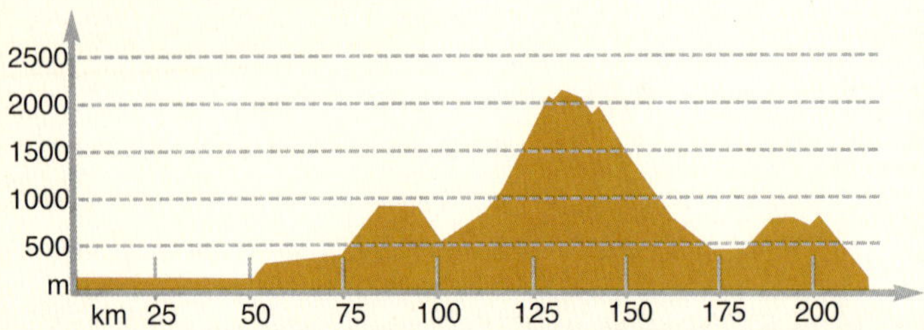

8
Malonno
Lago Bartone
Lago Dosazzo
Lago di Salarno
Adamello
Lago Garzonè
239
Spiazzo
Sarca
Lago di Piccolo
LOMBARDIA
42
Monte Colombe
2153
Lago d'Arno
Lago di Malga Bissina
237
1400
Tione di Trento
Passo Durone
Oglio
Val di Daone
Monte Corona
2507
Lago di Malga Boazzo
Roncone
Altissimo
2128
Lago di Vacca
Lago Nero
Chiese
421
Breno
Cividale
Monte Ferone
2673
Pieve di Bono
Lago di Tenno
79
Passo di Croce Dómini
1892
Grotta Rossa
2192
Caffaro
12-19
Riva del Garda
Giogo della Bala
2176
240
Laghetto d' Ampola
28
Lago di Ledro
Nago-Torbole
Monte Colombine
2215
2070
Goletto di Crocette
Storo
Passo dell'Ampola
747
Pregasina
Bagolino
Passo di Maniva
1664
45bis
Limone s. Garda
345
1562
Monte Ario
1757
Passo della Spina
Corna Zeno
1619
Lago d'Idro
Cima di Mughera
1345
249
Malcesine
Forno d'Ono
Tavernole
Valvestino
Campione di Garda
Idro
Lago di Valvestino
Cima Valdritta
2218
Nozza
Vestone
Gargnano
Gardesana Occidentale
Lago di Garda
Gardesana Orientale
Monte Baldo
237
Monte Pizzocolo
1582
Sabbio Chiese
45bis
Vobarno
Toscolano-Maderno
VENETO
S. Sebastiano
Gardone Riviera
Salò
Torri del Benaco
Caprino Veronese
237
Nave
Gavardo
Garda
BRESCIA
572
Bardolino
S. Ambrogio di Valpolicella
45bis
22
E45
Moniga d. Garda
Lazise
Adige
Sirmione
Pescantina
11
249
12
Route
5 km
Gesamtlänge ca. 220 km
Pässe 6
4 Häuser, die sich auf Motorradfahrer spezialisiert haben. Adressen S. 135 ff.
Peschiera del Garda
Castelnuovo del Garda
11

Ausflug mit Aussicht

Auf der Westseite des Gardasees gibt es einige „Balkons", die es wahrhaft in sich haben. Ein schöner Halbtagesausflug.

Für den großen deutschen Dichter **Johann Wolfgang von Goethe**, an dessen Wirken hier am Gardasee immer wieder erinnert wird, war in **Riva del Garda** zunächst mal Endstation, als er den Gardasee 1786 erreichte. Wer damals weiter wollte, musste sich mit Maultieren auf fast unbegehbaren Saumpfaden abplacken - oder ein Schiff nehmen. Anders waren die meisten Orte, vor allem die am Nord-Westufer des Sees, nicht zu erreichen. Daran änderte sich über die Jahrhunderte nichts. Erst 1926 wurde eine Straßenverbindung am Ostufer eröffnet, am 18. Oktober 1931 die Gardesana Occidentale am Westufer mit ihren 74 Tunneln. Vor allem das Westufer war und ist für den Straßenbau eine enorme Herausforderung - die Felswände sind teilweise Hunderte Meter hoch, ragen oft nahezu senkrecht in die Höhe.

Wir starten in **Riva del Garda**. Die Fahrt auf der Gardesana entlang des Sees ist vor allem im Nord-West-Abschnitt immer wieder ein Erlebnis, nur der Hell-Dunkel-Kontrast fordert die volle Aufmerksamkeit. Die Trasse der Gardesana ist teilweise nicht mehr die ursprüngliche, im Laufe der Jahrzehnte wurden neue Tunnel gebaut, die Straße verbreitert. Teile der alten Trasse

Tour 9 Steckbrief

Länge:	**ca. 60 km**
Pässe:	**1**
Schwierigkeit:	**mittel**
Fahrspaß:	✪✪
Natur:	✪✪✪

Route: Riva del Garda, Gardesana Occidentale, Limone, Vesio, Riva del Garda

✪✪✪ top ✪✪ sehr schön ✪ schön

Links: **Blick von der „Schauderterrasse“ des Hotels Paradiso. In 400 m Höhe klebt ein Balkon am Felsen - was für eine Aussicht!** Rechts: **Über die kleine Brücke fließt ein Bach, der jedoch nur bei Regenwetter Wasser führt.**

sind noch vorhanden, jedoch nur noch für Radfahrer befahrbar.

Einige Kilomter hinter **Limone**, kurz vor dem Tunnel, der nach **Campione** führt, zweigt eine kleine Straße nach rechts ab. Sie ist teilweise noch nicht einmal drei Meter breit, führt mal an der Felswand entlang, mal durch kürzere und längere Tunnel, die meist nicht beleuchtet sind, mitten durch das Gestein. In engen Serpentinen, die mit mehr oder weniger geraden Straßenabschnitten wechseln, geht es von Seehöhe stetig bergauf. Je nachdem, in welche Richtung es geht, fällt die Straße mal rechts, mal links zum See hin extrem steil ab, als „Leitplanke“ dient oft nur eine kaum einen Meter hohe Steinmauer. Auch diese Straße wurde im Lauf der Zeit erneuert - wo es ganz extrem eng herging, wurden Tunnel gebaut. Das Foto oben links vermittelt einen guten Eindruck vom alten und neuen Straßenverlauf.

Man tut gut daran, es bei der Auf- oder Abfahrt hier langsam angehen zu lassen, selbst auf den meisten neuen Straßenabschnitten ist es so eng, dass man fast anhalten muss, wenn ein Auto entgegenkommt. Und es fahren sogar Busse des öffentlichen Nahverkehrs.

Immer wieder gibt es kleine Ausweichbuchten, an denen man (außerhalb der Saison) schon mal stehen bleiben und den Blick auf den See genießen kann.

Was darf's sein - kleine oder große Tunnel, mit oder ohne Beleuchtung?

Nach einigen Kilometern - man glaubt nicht, dass ein Straßenverlauf noch abenteuerlicher werden kann - verengt sich die ohnehin enge Straße noch einmal. Durch einen Spalt geht es in eine dunkle, etwa 100 m lange Höhle, in der an der Wand eines Baches ein Marienaltar aufgebaut ist. Verrückt!

Nach einigen weiteren Kurven erreicht man das **Hochplateau von Pieve**, eine mehr oder weniger gerade Ebene in rund 400 m Höhe. Schon während der Auffahrt fallen immer wieder Schilder ins Auge, auf denen für die „Schauderterrasse" des Hotels Paradiso in Pieve geworben wird. Ein Besuch der Terrasse ist ein absolutes Muss - auf einen Cappuccino oder wenigstens, um einen Blick auf die Straße und den See zu riskieren (s. Foto Seite 88 oben).

Von Pieve aus gibt es zwei Möglichkeiten, weiterzufahren. Vielfahrer, die diese Tour nur als Abstecher betrachten und sie mit Tour 7 verbinden wollen, fahren nach Süden über die Hochebene weiter, man erreicht ca. 4 km vor **Gargnano** wieder die Gardesana.

Genusstourer fahren über **Vesio** nach Norden Richtung Limone weiter. Die Straße macht einen weiten Bogen, verläuft am Fuße des Tremalzo Passes immer am Gebirge entlang und führt dann in vielen Kurven nach Limone hinunter.

> **Abstecher:** Bei **Tignale** (südl. von Vesio) thront auf einem über 700 m hohen Felsen über dem See die Wallfahrtskirche **Monte Castello**: zauberhafte Fahrt dorthin, unvergleichliche Ausblicke.

Zeitaufwand/Reisetipps: Fahrzeit 1,5 bis 2 Stunden. Schöne Halbtagestour, mit Besichtigungen und Mittagessen durchaus Tagestour.

Tour 9 Special-Tipps

Den Abstecher hinauf nach Vesio kann man recht gut in die Tour 7 einbauen. In Vesio dann nach Süden weiterfahren.

Kaffeepause auf der „Schauderterrasse" im Hotel Paradiso (ausgeschildert) - oder wenigstens einen Blick riskieren.

Die Tour kann man prima mit einem Abstecher nach Limone verbinden, das direkt am Weg liegt. Infos nächste Seite.

Fahren Natur Kultur

Limone

1 000 Einwohner, 90 m ü. d. M.
Am Fuße des mächtigen Felsens „Dosso dei Roveri" (ca. 800 m). In der Hauptsaison bis zu 10 000 Touristen täglich.

Keine Parkmöglichkeiten im Ort, großer Parkplatz am nördl. Ende der Altstadt (bewacht).

Bis zum Bau der Gardesana war der Ort nur per Schiff erreichbar. Für den Zitronenanbau, der hier ab dem 15. Jh. kommerziell betrieben wurde, bedeutete das, dass sogar die Erde für die Zitronengärten vom gegenüberliegenden Ufer per Schiff geholt werden musste. Heute gibt es nur noch einen mehr oder weniger symbolischen Betrieb, der Zitronen anbaut - er wird als **Naturdenkmal** von der Gemeinde betrieben.

Oberhalb der Gardesana sieht man im Vorbeifahren Pfeiler, die wie Tempelreste in den Himmel ragen - die Überbleibsel der Limonaien, der Zitronengewächshäuser.

Schön gelegene **Altstadt**, deren Häuser buchstäblich wie Schwalbennester übereinander an den Felsen geklebt wurden. **Seepromenade** mit vielen Cafés und Restaurants, an der immer etwas los ist.

Höhenprofil Tour 9

Höhenmeter: ca. 1100 (Steigung und Gefälle).
Höchster Punkt: ca. 530 m (unterhalb Vesio).
Tiefster Punkt: ca. 90 m (Riva del Garda).
Max. Steigung/Gefälle: ca. 14 %.

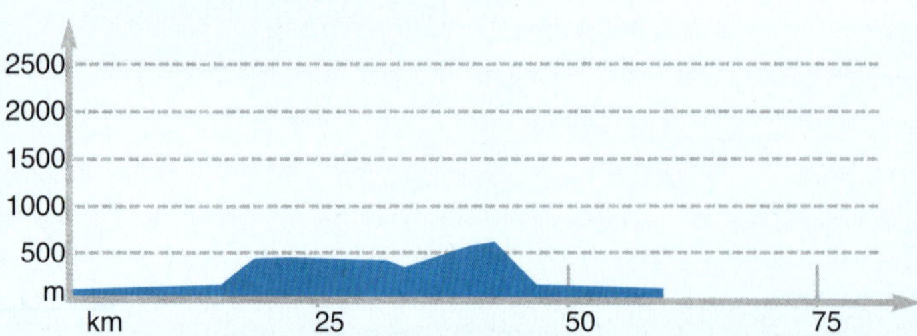

9
Monte Misone
1803
Tofino
2151
421
Lago di Tenno
Sarca
Monte Cadria
2254
Chiese
Pieve di Bono
237
Arco
Riva del Garda
12-19
28
240d
20-24
240
45bis
Nago-Torbole
Val d'Ampola
240
Laghetto d' Ampola
Val di Ledro
Lago di Ledro
Pregasina
Passo dell'Ampola
747
Monte Tremalzo
1974
Tempesta
1688
Passo di Termalzo
Limone s. Garda
Monte Altissimo
2079
Monte Caplone
1977
Monte Zenone
1424
249
Vesio
Gardesana Occidentale
Valvestino
Cima di Mughera
1345
Pieve
45bis
Cime di Ventrar
1757
Malcesine
Campione di Garda
Tignale
Madonna di Monte Castello
Lago di Valvestino
Monte Denervo
1460
Piovere
Assenza
Cima Valdritta
2218
Muslone
Magugnano Brenzone
Monte Baldo
Gargnano
Castelletto di Brenzone
Lago di Garda
22
E45
45bis
Toscolano-Maderno
4 Häuser, die sich auf Motorradfahrer spezialisiert haben. Adressen S. 135 ff.
Route
2,5 km
Gesamtlänge ca. 60 km
Pässe 1

Kurven-sammeln

Im Osten des Trentinos gibt es einige Ziele, die durchaus noch als echte Geheimtipps gehandelt werden dürfen.

Die Südrampe des Rolle Passes. Nur wochentags, am besten außerhalb der Saison, ist es hier so einsam.

Bei einheimischen Motorradfahrern und eingefleischten Trentino-Fans gilt der Manghen Pass als Geheimtipp: „Wir nennen ihn das Stilfser Joch des Trentinos, das müsst ihr unbedingt gesehen haben", hat uns ein Wirt schon vor Jahren erzählt, als wir das erste Mal im Trentino unterwegs waren. Auch heute noch hat er nichts von seiner Faszination verloren.

Nach einer gemütlichen Anfahrt von **Cavalese** durch das **Val di Cadino** wird die Straße plötzlich eng, und enger, und enger... Der dichte Wald gibt immer wieder Blicke auf ein kleines Flusstal frei, das sich ebenfalls immer stärker verengt. Immer wieder springt der Bach **Rivo Cadino** in kleinen Kaskaden über Stufen zu Tal, schäumt in kleine Gumpen, hüpft über Steine und umgestürzte Bäume.

Plötzlich wird der Wald lichter, wir erreichen eine Almwiese - mit einem ersten fahrerischen Highlight: Serpentine an Serpentine schraubt sich die Fahrbahn den extrem steilen Hang nach oben. Immer weiter geht es hinauf zur Baumgrenze und schließlich darüber hinaus. Noch ein paar S-Kurven, eine Haarnadelkurve, vorbei an einem winzigen See mit Restaurant davor und der Scheitel des **Manghen Passes** (2 047 m) ist erreicht.

Tour 10 Steckbrief

Länge:	**ca. 190 km**
Pässe:	**4**
Schwierigkeit:	**mittel**
Fahrspaß:	✪✪✪
Natur:	✪✪

Route: Cavalese, Manghen Pass, Strigno, Mezzano, Rolle Pass, Predazzo, Cavalese

✪✪✪ top ✪✪ sehr schön ✪ schön

Links: ***Auf der Nordrampe des Manghen Passes gibt es diesen anspruchsvollen Straßenabschnitt.*** *Mitte:* ***Unterhalb des Scheitelpunktes des Manghen liegt ein kleiner See.*** *Rechts:* ***Die Ostrampe des Brocon Passes führt in ein Hochtal hinunter.***

Der Blick nach Süden auf den Trassenverlauf erinnert tatsächlich etwas an das Stilfser Joch - eine Gruppe von sechs Kehren fällt sofort ins Auge. Und die Kehren und Kurven - so merkt man bei der Abfahrt schnell - haben es in sich, oft ist die Fahrbahn auch durch Kuhfladen verschmutzt. Die Fahrt hinunter ins Tal ist abwechslungsreich. Auch durch das ständig wechselnde Panorama. Viel zu schnell sind die gut 40 Kilomter rum.

Ab der Ortschaft **Strigno** in Richtung Brocon Pass ist die Fahrt zunächst recht erholsam und entspannend. Die Fahrbahn (mit Mittelstrich) ist breit, die Kurven weit, der Asphalt in hervorragendem Zustand. Über zwei namenlose Passhöhen (ca. 900 und 1 378 m) erreichen wir den **Brocon Pass** (1 615 m).

Ein Stopp hier ist empfehlenswert, riskieren Sie ruhig auch mal einen Rundblick. Im Norden und Osten tauchen am Horizont die ersten Riesen der Zentraldolomiten mit ihren schroffen Zacken auf.

Die Abfahrt des Brocon hat's in sich: Fahrbahn und Kurven sind teilweise sehr eng, ab und zu verirren sich auch Heizer hierher, die rücksichtslos die ganze Fahrbahn für sich in Anspruch nehmen.

Plötzlich tut sich der Wald auf, der Blick reicht Hunderte Meter tief in ein Tal, ganz unten liegt der kleine Ort **Canal San Bovo**. In vielen Kurven erreichen wir das Dorf - doch eine Atempause gibt es keine,

Auf der Nordrampe des Manghen Passes kurz unterhalb des Scheitels.

gleich dahinter, am Fuße des Gobbia Passes, fahren wir rauf zum **Lago di Calaita**. Mit einer Steigung von 10 bis 18 % geht's 11 km hinauf, immer an einem kleinen Bach entlang, an dem herrliche Picknickplätze zu einer Rast einladen. Die Straße endet am schillernden See im Naturschutzgebiet.

Nach einem Picknick rollen wir wieder runter ins Tal. Über den **Gobbera Pass** (988 m) kommen wir bei Mezzana auf die „50" - eine der Hauptverbindungen vom Süden in die Dolomiten. Im Vergleich zu den am Vormittag gefahrenen Straßen ist hier ordentlich was los! Wir schwimmen zwischen Bussen, Wohnmobilen, Autos und Motorrädern stetig bergauf nach Norden. Plötzlich erreichen wir die ersten Kehren der Südrampe des **Rolle Passes** (1 970 m). Gesellige sollten diese Tour am Wochenende machen - auf der Passhöhe versammeln sich Hunderte Motorräder aus allen Ländern, jedoch hauptsächlich Italiener mit ihren Sportmotorrädern sind hier. Wer's lieber einsam mag, fährt unter der Woche. Dann macht es so richtig Spaß, die engen Kehren raufzuzirkeln und hinterher durch die Wälder des **Val di Travignolo** hinunter ins Tal zu schwingen.

> **Abstecher:** unterhalb des Rolle Passes über **Valles Pass** (2 039 m) und **San Pellegrino Pass** (1 918 m) nach Predazzo.

Bei **Predazzo** geht's auf die „48" und nach elf Kilometern durch das **Val di Fiemme** erreichen wir wieder Cavalese.

Zeitaufwand/Reisetipps: 3,5 bis 4,5 Stunden.

Die relative Einsamkeit verleitet so manchen zu viel zu flotter Fahrweise.

Tour 10 Special-Tipps

Eventuell Teile von Tour 11 mit einbauen. Z. B. über den Fedaia Pass ins Fassatal und zurück nach Cavalese.

Manghen, Brocon Pass und der Lago di Calaita sind landschaftliche Höhepunkte und noch nicht so überlaufen.

Einige malerisch gelegene Dörfer - insgesamt gibt es jedoch keine herausragenden kulturellen Höhepunkte.

Fahren Natur Kultur

Val di Fassa/Fiemme

Beim Blick auf die Karte kommt etwas Verwunderung auf: Der Fluss Avisio, der von Canazei in die Etsch fließt, hat ein Tal gegraben, das zwei Namen trägt: Im Oberlauf heißt es **Val di Fassa**, im Mittel- bzw. Unterlauf **Val di Fiemme**. Der Grund liegt im Mittelalter: Das Fleimstal (Val di Fiemme) gehört zum Bistum Trient, das Fassatal dem Bischof von Brixen.

Die Täler zählen zu den bedeutendsten Wintersportregionen Italiens, sind sowohl für Sommer- als auch Winterurlaub touristisch perfekt erschlossen.

Höhenprofil Tour 10

Höhenmeter: ca. 10 300 (Steigung und Gefälle).
Höchster Punkt: ca. 2047 m (Manghen Pass).
Tiefster Punkt: ca. 380 m (Borgo Valsugana).
Max. Steigung/Gefälle: ca. 18 %.

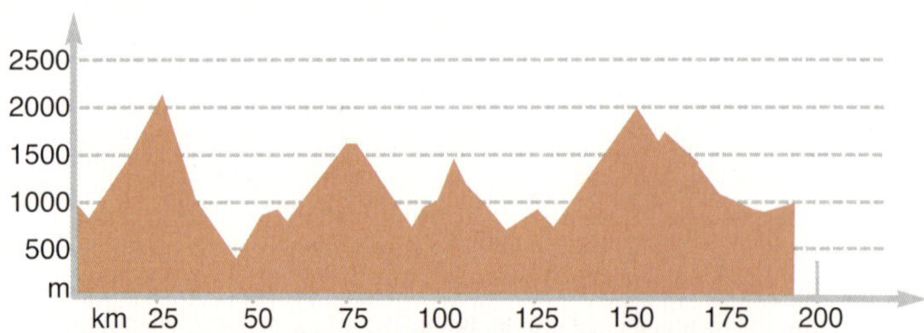

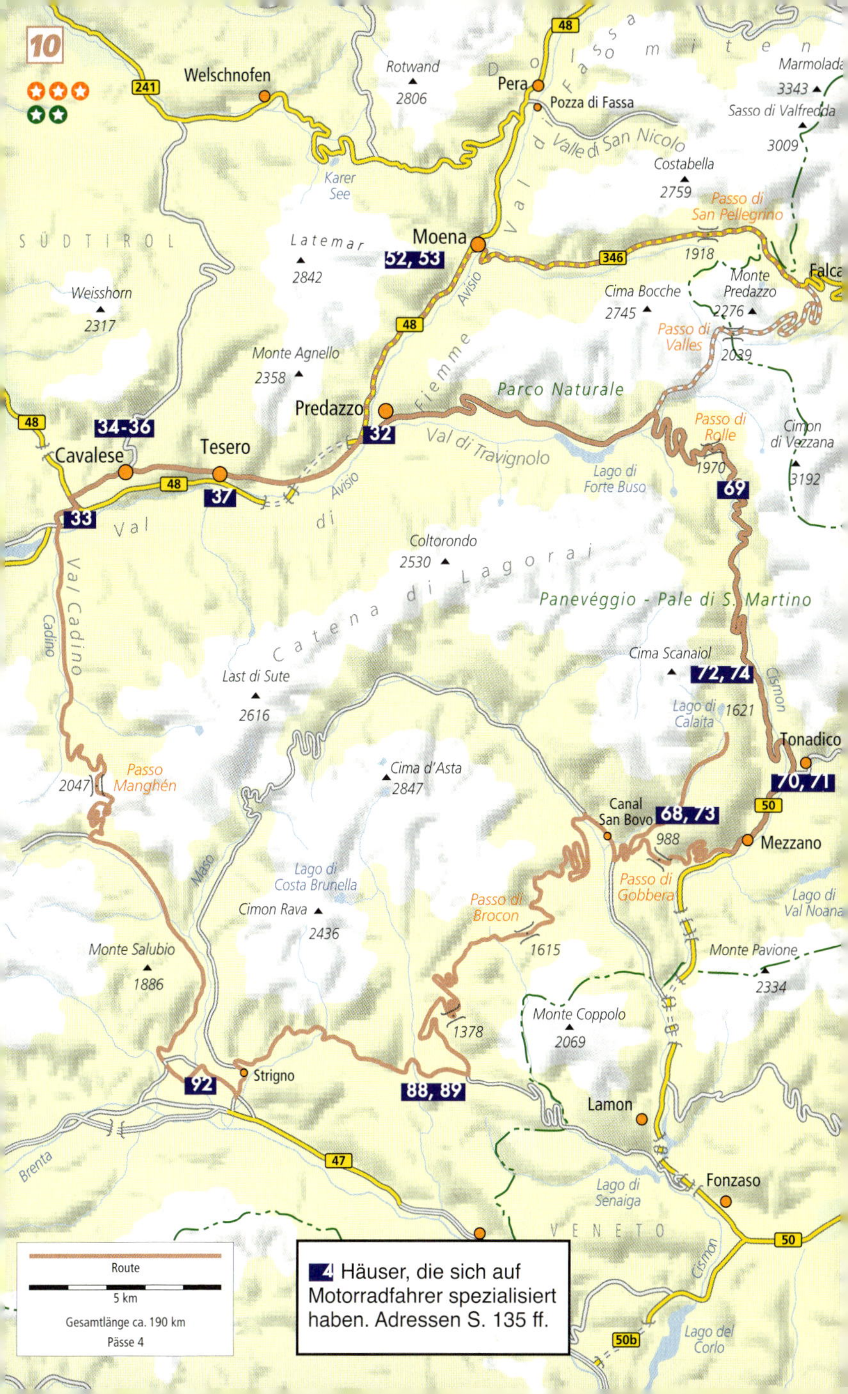
10
241
Welschnofen
Rotwand
2806
48
Pera
Pozza di Fassa
Marmolada
3343
Sasso di Valfredda
3009
Dolomiten
Val di Fassa
Valle di San Nicolo
Karer See
Costabella
2759
Passo di San Pellegrino
SÜDTIROL
Latemar
2842
Moena
52, 53
346
1918
Falca
Weisshorn
2317
Avisio
Cima Bocche
2745
Monte Predazzo
2276
Passo di Valles
2039
48
Monte Agnello
2358
Fiemme
Parco Naturale
48
34-36
Predazzo
32
Val di Travignolo
Passo di Rolle
Cimon di Vezzana
Cavalese
Tesero
1970
48
37
Avisio
Lago di Forte Buso
69
3192
33
Val di
Coltorondo
2530
Val Cadino
Cadino
Catena di Lagorai
Panevéggio - Pale di S. Martino
Cima Scanaiol
72, 74
Cismon
Last di Sute
2616
Lago di Calaita
1621
Tonadico
Passo Manghén
2047
Cima d'Asta
2847
70, 71
Canal San Bovo
68, 73
50
988
Mezzano
Maso
Lago di Costa Brunella
Passo di Gobbera
Passo di Brocon
Lago di Val Noana
Cimon Rava
2436
1615
Monte Pavione
2334
Monte Salubio
1886
Monte Coppolo
2069
1378
Strigno
92
88, 89
Lamon
Brenta
47
Lago di Senaiga
Fonzaso
VENETO
50
Cismon
Route
5 km
Gesamtlänge ca. 190 km
Pässe 4
4 Häuser, die sich auf Motorradfahrer spezialisiert haben. Adressen S. 135 ff.
50b
Lago del Corlo

Höhenflüge

2056 m hoch liegt der Fedaiasee. Er ist der höchste anfahrbare See des Trentinos - im Schatten der Marmolada, höchster Dolomiten-Gipfel.

Die Westseite des Col [illegible] Bavella: Ansichten [illegible] den schönsten Dolomi[illegible]

Die Staumauer des Fedaiasees ist an Wochenenden im Sommer ein beliebter Biker-Treff.

Heute geht es mal richtig hoch hinaus - die höchsten Dolomitenpässe warten. Wir starten in **Canazei**.

Zunächst ist die Vegetation am Fuße des Fedaia Passes dicht, wir fahren vorbei an Wiesen, durch Wälder. Doch je höher wir kommen, desto dünner wird sie. An den Berghängen liegen Meere aus Steinen und zerfurchten Felsen, die Frost und Winter aus den Bergen gesprengt haben. In sanften, fast lieblichen Kurven geht's immer weiter hinauf, schließlich folgen einige offene Galerien. Die Fahrbahn ist weiter unten gut, oben wird sie schlechter - der Frost macht die Bemühungen der Straßenbauer immer wieder zunichte.

In 2 056 m Höhe erreichen wir den Sattel des **Fedaia Passes**. Hinter einer gigantischen Staumauer liegt der geradezu unwirklich türkis schimmernde Lago di Fedaia, ein Stausee - in über 2 000 Meter Höhe -, auf dessen Oberfläche sich das ewige Eis der **Marmolada** (3 343 m) spiegelt. Am Ende der Staumauer liegt ein kleines Dorf - ein paar Gasthäuser, eine Seilbahnstation, die auf den Gletscher führt. Naturfreunde sollten das Fernglas nicht vergessen und sich einen ruhigen Platz suchen - auf den Hängen gegenüber der Marmolada gibt es Murmeltiere. Und manchmal kann man auch einige

Tour 11 Steckbrief

Länge:	**150-180 km**
Pässe:	**5**
Schwierigkeit:	**hoch**
Fahrspaß:	✪✪✪
Natur:	✪✪✪

Route: Canazei, Caprile, Falzarego Pass, Giau Pass, Agordino, Moena, Canazei

✪✪✪ top ✪✪ sehr schön ✪ schön

Links: ***Die Südrampe des Falzarego Passes, es geht bis über die Baumgrenze hinauf.*** *Mitte:* ***Noch mal die Südrampe - abenteuerlicher Verlauf!*** *Rechts:* ***Auf dem Valparola Pass erwartet uns eine Felswüste. Ein Museum erinnert an den Krieg.***

Gämsen bei ihren abenteuerlichen Klettertouren beobachten.

Ein Tunnel (Vorsicht, oft ist er noch im Frühsommer nach kalten Nächten vereist!) und eine Serpentinenkombination sind der Einstieg für die problemlose und einfache Abfahrt ins Tal auf die „203“.

Abstecher: bei **Sottoguda** in den Ort abbiegen, durchfahren. Am Ortsende führt die Straße in einen **Canyon** - ein **Teil der alten Passstraße** -, die Wände rechts und links ragen bis zu Hunderte Meter senkrecht in die Höhe. Während der Hochsaison ist die Straße für den allgemeinen Verkehr gesperrt. Wer einen kleinen **Fußmarsch** nicht scheut, sollte ein Stück hineingehen - es lohnt sich auf alle Fälle.

Bei **Caprile** biegen wir Richtung Falzarego Pass ab, erreichen nach rund 10 km recht anspruchvoller Fahrt wieder die **Große Dolomitenstraße** (Verbindung zwischen Bozen und Cortina d’Ampezzo). Vom **Falzarego Pass** (2 105 m) zweigt eine Straße nach links auf den **Valparola Pass** (2 197 m) ab. Landschaftlich ist der Pass, dessen Scheitel nur wenige Hundert Meter oberhalb des Falzarego Passes liegt, äußerst interessant - das Gebiet erinnert an eine Steinwüste. Die Gegend ist deshalb so gut mit Straßen erschlossen, weil sie im Ersten Weltkrieg heiß umkämpft war. Ein ehemaliges Sperrfort auf der Passhöhe des

Eine Seilbahn führt auf den Kleinen Lagazuoi (Falzarego Pass). Straßen- und Befestigungsarbeiten sind in den Bergen schwierig und gefährlich (rechts unten).

Valparola wurde 2007 zu einem Museum umgebaut (mehr Infos nächste Seite).

Zurück über den Falzarego geht es weiter Richtung Cortina d'Ampezzo.

Abstecher: ca. 7 km unterhalb der Passhöhe des Falzarego kleiner Parkplatz rechts. Eine ca. 3 m breite Straße führt zu den **Cinque Torri** (Fünf Türme, Foto s. Seite 4), 15 % Steigung, ca. 5 km einfach.

Kurz vor Cortina erreichen wir die Abfahrt zum **Giau Pass** (2 233 m). Dolomitenkenner schätzen ihn als einen der schönsten und anspruchsvollsten Pässe der Region. Die Nordauffahrt, die vor uns liegt, ist eine Herausforderung: Die meisten Kurven sind nicht einsehbar, viele verlaufen nicht harmonisch, machen unvermittelt zu. Der Rundblick von der Passhöhe ist grandios - ca. 270 Grad Panorama. Über die vielen Kehren der Südrampe erreichen wir **Selva di Cadore** und anschließend wieder die „203", auf der wir jetzt nach Süden fahren.

Vorbei am **Lago del Alleghe** weiter Richtung Agordino. Dort biegen wir auf die „346", die in vielen Serpentinen auf den **Pellegrino Pass** (1 918 m) führt. Mit sanftem Gefälle geht es nach Moena ins Fassatal.

Abstecher: bei **Pozza** ins **Valle di San Nicolo**. Ein kleines Sträßchen führt hier immer an einem Wildbach entlang ins Gebirge hinauf (Sackgasse).

Nur noch wenige Kilometer Fahrt bis Canazei.

Zeitaufwand/Reisetipps: 3,5 bis 4,5 Stunden.

Sehr anstrengende, fahrerisch anspruchsvolle Tour. Abstecher zu den Cinque Torri nur für sehr sichere Fahrer.

Tour 11 Special-Tipps

Schon ohne Abstecher eine anspruchsvolle Tour. Mit den angegebenen Tipps dürften auch Vielfahrer zufrieden sein.

Der Fedaiasee liegt in einzigartiger Natur. Es gibt Murmeltiere und manchmal auch Gämsen zu sehen.

Kriegsmuseum am Valparola Pass. Freilichtmuseum auf dem kleinen Lagazuoi (Seilbahn ab Falzarego Pass).

Extra: Historie

Soldaten schufen das Motorradparadies

Beim Blick auf die Straßenkarte fällt auf, dass die Dolomiten extrem gut mit Straßen erschlossen sind. Über fast jeden Sattel zwischen zwei Gipfeln führt eine Straße. Der Grund: Die Region war im 1. Weltkrieg hart von Österreichern und Italienern umkämpft. Die Front verlief vom Ortler-Massiv in Südtirol bis in die Dolomiten, in denen der Schwerpunkt der Kämpfe war. Man baute Schotterstraßen mit mäßiger Steigung und nicht zu engen Kurven, um Kriegsgerät und Nachschub an die Front schaffen zu können. Immer wieder stößt man auf Zeugen dieser Vergangenheit, z. B. die Gedenkstätte am Pordoijoch und viele Museen. Eines der beeindruckendsten ist auf dem Kleinen Lagazuoi. Das Museum ist mit der Seilbahn zu erreichen - auch der Rundblick aus 2 700 m Höhe lohnt den Fahrpreis.

Höhenprofil Tour 11

Höhenmeter: ca. 8 400 (Steigung und Gefälle).
Höchster Punkt: ca. 2 197 m (Valparola Pass).
Tiefster Punkt: ca. 770 m (bei Caprile).
Max. Steigung/Gefälle: ca. 15 %.

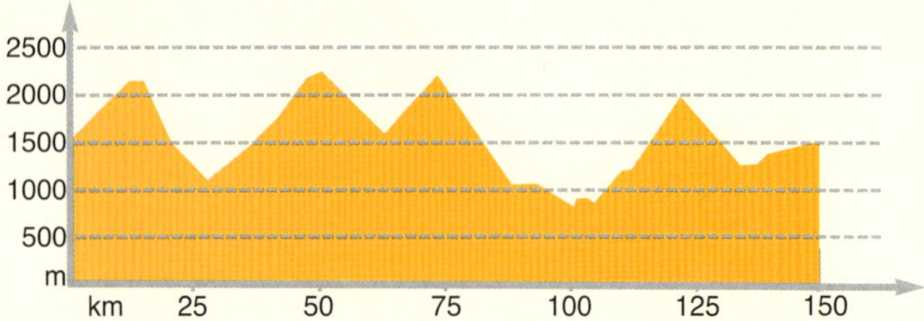

11
Funes
Villnöß
SÜDTIROL
Pederoa
Vigilbach
Gader Bach
Zehnerspitze
3023
Geislerspitzen
3025
2814
Puezspitzen
2913
2668
2751
51
St. Ulrich
242
Wolkenstein
Grödner Joch
2121
Colfosco
Kolfuschg
Corvara
S. Cassiano
St. Kassian
Dolomiten
Tofana
3244
Grödner Bach
243
Sellagruppe
Langkofel
3179
242
2244
Sellajoch
Piz Boé
3152
244
1875
Passo di Campolongo
2197
Passo di Valparola
Lagazuoi Piccolo
2752
2105
Passo di Falzarego
Cinque Torri
Arabba
48
Cordevole
Andraz
2239
Passo di Pordoi
46-49
Canazei
43-45
Avisio
Fassa
la Mesola
2734
Passo di Fedaia
Lago di Fedaia
2056
2233
Passo Giau
Selva di Cadore
Sass di Roi
2369
Pera
50
51
Pozza di Fassa
Marmolada
3343
3009
Sasso di Valfredda
Caprile
Sottoguda
203
Valle di San Nicolo
Val di Fassa
Costabella
2759
Passo di San Pellegrino
Lago del Alleghe
Monte Civetta
3220
Moena
48
52, 53
1918
346
Falcade
Cencenighe Agordino
Monte Moiazza
2865
Passo di Valles
2039
Parco Naturale
Pale di S. Lucano
2409
Passo di Rolle
Val di Travignolo
1970
Lago di Forte Buso
Agordo
Monte Agner
2872
Lagorai
50
Cordevole
Panevéggio - Pale di S. Martino
2982
Pala di San Martino
VENETO
Lago di Calaita
Route
5 km
Gesamtlänge ca. 150 - 180 km
Pässe 5
4 Häuser, die sich auf Motorradfahrer spezialisiert haben. Adressen S. 135 ff.
Monte Agnellezze
2140
Lago di Mis

Vier Pässe - ein Klassiker

Auf knapp 50 Kilometer 4 Pässe, drei davon über 2000 m hoch - das ist die legendäre Sella-Runde. Ein Rundkurs der Superlative.

Das Sellajoch - mit 2244 m der höchste Pass des „Kleeblattes".

1 km
50

Die majestätischen Gipfel der Dolomiten erstrahlen schon im hellen Sonnenlicht, doch die tiefen Täler liegen noch in dunklen Schatten. Im Frühjahr und Herbst bekommen die Täler kaum Sonne, es kann morgens noch Frost geben. Trotzdem empfiehlt es sich, zeitig aufzubrechen. Am besten lange bevor Radfahrer die Pässe bevölkern, noch länger bevor Ausflugsbusse im Schritttempo um die Kehren zirkeln und Touristen auf die Passhöhen zu den Seilbahnen schaufeln.

Tour 12 Steckbrief

Länge: 60 km
Pässe: 4
Schwierigkeit: hoch
Fahrspaß: ✪✪✪
Natur: ✪✪✪

Route: Canazei, Pordoijoch, Campolongo Pass, Grödnerjoch, Sellajoch, Canazei

✪✪✪ top ✪✪ sehr schön ✪ schön

Vor uns liegt die legendäre **Sella-Runde**, eine der schönsten, höchsten und beeindruckendsten Touren der Alpen. Auf knapp 50 Kilometer überquert die Sella-Runde vier Pässe, drei davon deutlich über 2 000 Meter hoch.

Start in **Canazei**. Schon die Fahrt zum Rundkurs ist ein Genuss, steile Kehren verlangen äußerste Konzentration. Und dann geht's richtig los: Vor uns liegt das legendäre **Pordoijoch**. Nicht weniger als 60 Kehren erwarten uns. In 27 Tornanti (ital. für Serpentinen) und unzähligen Kurven unterschiedlicher Radien geht es auf 2 239 m.

Direkt an der Passhöhe gibt es - wie auf allen Passhöhen - einige Restaurants, Cafés und Souvenirläden (allerdings nirgends so viele wie hier, am Pordoi) und eine Seilbahnstation,

Links: ***Abfahrt vom Campolongo Pass, unten liegt der Ort Corvara.*** *Mitte:* ***Im Mai kann's auf dem Pordoijoch noch recht ungemütlich sein.*** *Rechts:* ***33 Kehren liegen zwischen der Passhöhe des Pordoijochs und dem Städtchen Arabba.***

die zur Pordoispitze (Sass Pordoi, 2 950 m hoch) führt. Von oben gibt es herrliche Rundblicke. Etwas unterhalb der Passhöhe ist ein sehenswertes Mahnmal (mit Friedhof) für die Gefallenen des Ersten Weltkrieges. Wer Ruhe sucht, sollte dort hinfahren.

Runter wird's richtig lustig - in 33 Kehren schraubt sich die Straße hinunter nach **Arabba**. Rund 600 Höhenmeter überwindet sie dabei, Genuss pur.

Kurz vor dem Ortsende von Arabba biegen wir auf die Auffahrt zum **Campolongo Pass** (1 875 m) ein, dem niedrigsten Pass des Kleeblattes. Lange, steile Geraden wechseln sich mit engen Kehren ab, auf nur etwa sieben Kilometern überwindet die Straße dabei rund 375 Höhenmeter. Die Häuser unten im Tal werden im Nu kleiner, bis sie nur noch als winzige Punkte erscheinen.

Nach der Passhöhe geht es in weiten Kurven wieder bergab. Plötzlich öffnet sich das Tal, tief unten liegt der Skiort **Corvara**, drum herum erheben sich zackige Felsgipfel. Kurz vor Corvara ist es mit dem entspannten Dahingleiten schon wieder vorbei: Die Kurven werden enger, die Straßenführung wird anspruchsvoller. Erst vor wenigen Jahren hat die Fahrbahn einen neuen Belag bekommen, doch die strengen Winterfröste in den Dolomiten schaffen jeden Asphalt, mit der Zeit wird die Trasse wellig, der Teer bricht an manchen Stellen schon wieder auf.

Der Sella-Stock. Kurz nach Sonnenaufgang ist es hier oben am schönsten.

In Corvara geht es nach links zum Grödnerjoch. Vorbei an **Colfosco**, dessen Kirche übrigens das Motiv für ein bekanntes Puzzle darstellt, fahren wir weiter bergauf. Immer das schroffe Massiv des Sella-Stocks vor Augen, nach jeder Kurve gibt es neue, faszinierende Blicke auf die riesigen, kahlen Felsen. Die Passstraße, die noch vor wenigen Jahren ziemlich eng war, wurde und wird inzwischen Stück für Stück ausgebaut, teilweise etwas verbreitert und mit neuem Fahrbahnbelag ausgestattet. Trotzdem macht sie noch jede Menge Spaß - ganz einfach wegen der Straßenführung: Lange, gerade Stücke, auf denen bei freier Fahrt Tempo 100 kein Problem ist, wechseln mit engen Serpentinen ab, die man sauber durchzirkeln kann. Teilweise ist die Trasse so geführt, dass die Straße sich über Brücken selbst überquert. So gibt es immer wieder zauberhafte Blicke ins Tal auf die schon zurückgelegte Strecke.

Kurz vor der Passhöhe haben die Straßenbauer - und die Natur - noch einmal voll eins draufgelegt: In einigen steilen Kurven geht's bis auf über 2100 Meter hoch, ganz nah an den zerklüfteten, felsigen Stock der Sella heran. Viel zu schnell sind wir auf dem Scheitel des **Grödnerjochs** (2121 m).

Jetzt folgt einer der beeindruckendsten Abschnitte: Ein paar Serpentinen führen ein Stück den Sattel hinunter, dann direkt an der Felswand, im Schatten der Sella weiter Richtung Westen - das Gestein ragt Hunderte Meter fast senkrecht in die Höhe.

Nach ein paar Schlenkern erreichen wir die Abzweigung zum **Sellajoch** (2244 m), dem höchsten Pass unserer Runde.

Tour 12 Special-Tipps

Extremfahrer: Touren 11 und 12 zusammenfassen. Schöner: die Sella-Runde in beide Richtungen fahren.

Der Blick von der Passhöhe des Sellajochs ist einer der schönsten in der Region. Picknickplätze an der Abfahrt.

Das Dorf Colfosco liegt sehr schön. Abseits der Hauptstraße noch viele alte Bauernhäuser aus Holz.

Fahren Natur Kultur

Die Auffahrt ist relativ entspannt und einfach, das Panorama oben inmitten der steinernen Riesen vom Feinsten - das schönste der vier.

Allerdings sollte man beim Parken vorsichtig sein und das gute Stück nicht direkt an den Hängen abstellen: Auf der Passhöhe laufen Ziegen frei herum. Die sind harmlos, putzig und bringen tolle Fotomotive. Die Tiere klettern jedoch auch auf den Hängen herum, und lösen dabei so manchen bis zu kopfgroßen Stein, der dann auf den Parkplatz herunterfällt - wir wurden selbst Zeugen, als eine Honda Deauville schwer beschädigt wurde.

Die Abfahrt ist im oberen Teil sehr anspruchsvoll, es gibt viele Haarnadelkurven, die zum Teil mehr als 180 Grad betragen - vor allem im Sommer verursachen ungeübte Busfahrer (auch auf dem Pordoijoch) so manchen Stau, wenn sie vor- und zurücksetzen müssen. Mit maximal 11 % Gefälle und jeder Menge Fahrspaß auf der griffigen Fahrbahn erreichen wir schließlich wieder unseren Ausgangspunkt: Canazei.

Zeitaufwand/Reisetipps: 1 bis 2 Stunden, mit Stopps eher 3 bis 4.

Fahrerisch anspruchsvolle Tour. Genug Pausen zum Gucken einplanen!

Höhenprofil Tour 12

Höhenmeter: ca. 4 000 (Steigung und Gefälle).
Höchster Punkt: ca. 2 244 m (Sellajoch).
Tiefster Punkt: ca. 1 470 m (bei Canazei).
Max. Steigung/Gefälle: ca. 15 %.

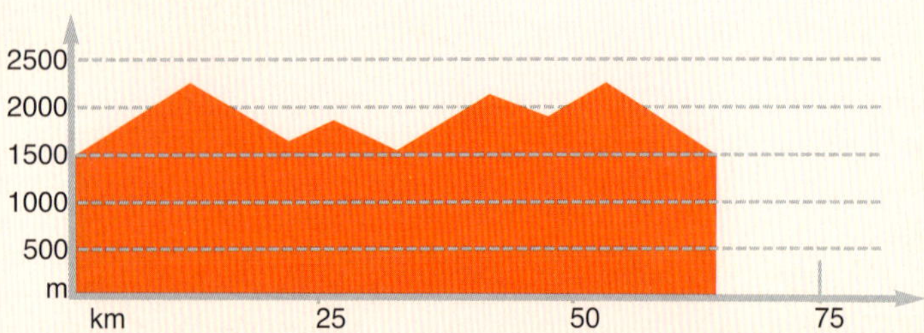

12
Pederoa
244
Funes
Villnöß
SÜDTIROL
Gader Bach
Zehnerspitze
3023
Geislerspitzen
3025
2814
2913
2668
Puezspitzen
2751
Stern
la Villa
S. Cassiano
St. Kassian
Wolkenstein
242
Selva
Grödner Bach
Grödner
Joch
2121
Colfosco
Kolfuschg
Corvara
243
Passo di
Valparola
2197
244
Langkofel
3179
242
Sellagruppe
Piz Boé
3152
Passo di
Campolongo
1875
Sellajoch
2244
Mahnmal
48
Arabba
Cordevole
48
Andraz
Passo di
Pordoi
2239
Canazei
43-45
la Mesola
2734
203
Avisio
48
Lago di
Fedaia
Passo di
Fedaia
2056
Sass di Roi
2369
Marmolada
3343
Pera
Sasso di Valfredda
3009
Valle di San Nicolo
Costabella
2759
VENETO
Passo di
San Pellegrino
346
1918
Route
2,5 km
Gesamtlänge ca. 60 km
Pässe 4
4 Häuser, die sich auf Motorradfahrer spezialisiert haben. Adressen S. 135 ff.
203
346
Falcade

Top-Touren für jeden Reisetyp

Jeder reist anders, setzt im Urlaub persönliche Akzente. Hier Entscheidungshilfen für verschiedene Interessen.

Alle hier im Buch vorgestellten Touren zu fahren ist für die meisten Motorradfahrer aus zeitlichen oder finanziellen Gründen wohl nicht möglich. Damit Sie aus Ihrem kostbaren Urlaub das Maximum rausholen können, haben wir aus den 12 Touren eine **Hitliste für jeden Fahrertyp** erstellt:

Kurven- und **Pässefans** fahren mit diesem Symbol am besten.

Gemütliches **Cruisen** und **Schönheit der Natur** stehen hier an erster Stelle.

Ihr **Sahnehäubchen** sind **Sehenswürdigkeiten?** Nach diesen Tipps reisen!

Die 5 besten Ausflüge für Kurven- und Pässefans

1 **Tour 12:** ca. 60 km, ca. 4 000 Höhenmeter. Vier der Top-Dolomitenpässe auf nur 60 km, das ist die Sellarunde. Entweder hin und zurück fahren, oder mit Tour 11 (plus ca. 180 km) verbinden!

2 **Tour 10:** ca. 190 km, ca. 10 300 Höhenmeter. Die Route von Cavalese über den Manghenpass und den östlichen Teil des Trentinos ist ein ständiges Hin und Her, Rauf und Runter. Wenig Verkehr!

3 **Tour 1:** ca. 140 km, ca. 8 300 Höhenmeter. Die Fahrt von Trient hinauf auf den Monte Bondone bietet mehr Serpentinen als das Pordoijoch. Schöne Strecken im Westen und Süden des Massivs.

4 **Tour 8:** ca. 220 km, ca. 7 400 Höhenmeter. Westlich des Gardasees fährt man in das ursprüngliche Italien. Die Straßen gehören ein paar Bauern und den wenigen Bikern, die diese Gegend kennen.

5 **Tour 3:** 185 bis 255 km, ca. 9 500 Höhenmeter. Im Südosten von Rovereto gibt es eine Reihe teilweise recht unbekannter Pässe. Nicht besonders hoch, dafür mit ungewöhnlichen Straßenverläufen.

Die 5 besten Ausflüge für Genuss-Tourer

1 **Tour 4:** ca. 200 km. Die Umrundung des Gardasees bietet Entspannung pur: geruhsames Dahingleiten, schöne Natur, gutes Essen und eine Vielzahl von kleinen Städten, die es zu entdecken gibt.

2 **Tour 9:** ca. 60 km, ca. 1 100 Höhenmeter. Das wohl schönste Gardasee-Erlebnis bietet der Ausflug auf die Felsen des Westufers. Schöner Halbtagesausflug, allerdings recht anspruchsvoll zu fahren.

3 **Tour 5:** ca. 120 km, ca. 4 000 Höhenmeter. Monte Baldo heißt der Höhenrücken am Ostufer des Gardasees. Auf seinem Kamm führt eine interessante Straße entlang, auf der es viel zu sehen gibt.

4 **Tour 6:** 180 km, ca. 9 600 Höhenmeter. Im Nordwesten des Gardasees fährt man weitab vom Touristentrubel auf einsamen Straßen. Es gibt dabei außerordentliche Naturschönheiten anzuschauen.

5 **Tour 3:** 185 bis 255 km, ca. 9 500 Höhenmeter. Die Straßen gut in Schuss, viele Sehenswürdigkeiten und Badespaß am Lago di Caldonazzo - die Eckpunkte dieser Tour im Osten Roveretos.

Die 5 besten Ausflüge mit Sehenswürdigkeiten

1 **Tour 4:** ca. 200 km. Schon Goethe war dem Gardasee verfallen. Kein Wunder: Ob Torbole, Malcesine, Garda, Bardolino, Sirmione oder Limone - der See bietet eine Fülle liebenswerter Sehenswürdigkeiten.

2 **Tour 1:** ca. 140 km, ca. 8 300 Höhenmeter. Einen Besuch in Trient, Hauptstadt des Trentinos unbedingt in diese Tour mit einbauen. Und auf der Fahrt zum Bondone die Stadt von oben betrachten.

3 **Tour 3:** 185 bis 255 km, ca. 9 500 Höhenmeter. Museen, altehrwürdige Gebäude, viele nette Cafés: Rovereto. Ebenfalls auf dieser Tour: sehenswerte Burgen, sowie interessante Orte und Kirchen.

4 **Tour 11:** 150 bis 180 km, ca. 8 400 Höhenmeter. Landschaftlich top! Und interessant: Weltkriegsmuseum auf dem Gipfel des Kleinen Lagazuoi (Seilbahn vom Falzarego), Museum am Valparola Pass.

5 **Tour 7:** ca. 230 km, ca. 10 200 Höhenmeter. 4 000 Jahre alte Pfahlbauten am Ledrosee, sowie diverse Freilichtmuseen auf der Strecke von Storo nach Riva del Garda. Viele malerische Dörfer.

Die Pässe von A bis Z

Unsere ausgesuchten Touren berühren viele interessante Pässe. Hier die Steckbriefe der 35 wichtigsten.

Hand aufs Herz: Pässe sind doch eindeutig die Würze einer jeden schönen Motorradtour. Und allein schon beim Studium der „technischen Daten" kann man sich die Tour vor dem geistigen Auge gut ausmalen.

Auf diesem Hintergrund haben wir ein **Verzeichnis der Pässe** aufgenommen. Sie finden darin die wichtigsten Eckdaten wie Höhe, Länge, Schwierigkeitsgrad und hilfreiche Bemerkungen über Straßenbeschaffenheit, Breite und Fahrtipps.

Kenner werden feststellen, dass die **Höhenangaben** zu anderen Karten oder Büchern **differieren**. Inzwischen kursieren über Passhöhen unterschiedlichste Angaben. Das hat mehrere Gründe: Neben **Übertragungsfehlern** übermüdeter Kartografen, die Tausende Daten in Karten eintragen, liegen auch unterschiedliche Bezugssysteme zugrunde: Kartografen südlich der Alpen orientieren sich an verschiedenen Punkten des Mittelmeeres, „Nordlichter" an der Nordsee bzw. dem Atlantik, andere Länder wiederum an anderen Punkten. Normalerweise weichen die Höhenangaben nur um einige Zenti- oder Dezimeter ab, im Extremfall aber auch um mehrere Meter.

Unsere Höhenangaben beziehen sich auf die von uns verwendete Standard-Kartografie der Wiener Kartografie-Anstalt Freytag & Berndt.

Ampola Pass

Höhe: 747 m,
Länge: ca. 7 km
Schwierigkeitsgrad: leicht
Fahrspaß: ✪✪
Natur: ✪✪
Lage: Touren 6, 7, Seiten 64, 71

Beschreibung: Verläuft von Storo im Chiesetal nordwestlich hinauf ins Ampolatal. Straße teilweise durch den Felsen gebrochen, Felsvorsprünge und -überhänge. Einige weite Serpentinen, gut ausgebaut.

Bocca del Creen/M. Baldo

Höhe: 1617 m,
Länge: ca. 58 km
Schwierigkeitsgrad: mittel
Fahrspaß: ✪✪
Natur: ✪✪✪
Lage: Tour 5, Seite 53

Beschreibung: Die Monte-Baldo-Höhenstraße verläuft von Mori bei Rovereto bis Caprino Veronese parallel zum Gardasee. Asphalt gut, ca. 4 bis 8 m breit. Sehr schöne Blicke ins Etschtal.

Borcola Pass

Höhe: 1206 m,
Länge: ca. 12 km
Schwierigkeitsgrad: hoch
Fahrspaß: ✪✪✪
Natur: ✪✪
Lage: Tour 3, Seite 29

Beschreibung: Südrampe extrem anspruchsvoll: 19 sehr enge, steile Kehren überwinden 400 Höhenmeter. Nordrampe teilweise nur ca. 3 m breit, Achtung, flotter Gegenverkehr (Einheimische)!

Brocon Pass

Höhe: 1615 m,
Länge: 24 km
Schwierigkeitsgrad: mittel
Fahrspaß: ✪✪
Natur: ✪✪
Lage: Tour 10, Seite 97

Beschreibung: Zwischen Castello und Südrampe des Gobbera Passes. Schöne Auf- und Abfahrt durch den Wald, auf der Passhöhe Parkplatz mit herrlichem Blick hinüber in die Zentraldolomiten.

Campolongo Pass

Höhe: 1875 m,
Länge: ca. 1 100
Schwierigkeitsgrad: leicht
Fahrspaß: ✪✪
Natur: ✪✪
Lage: Tour 12, Seite 113

Beschreibung: Niedrigster und fahrerisch einfachster Pass der Sellarunde zwischen Arabba und Corvara. Asphalt sehr gut, Südrampe einfach, einige weite Kehren, Nordrampe anspruchsvoller.

Carlo Magno

Höhe: 1681 m,
Länge: ca. 35 km
Schwierigkeitsgrad: leicht
Fahrspaß: ★
Natur: ★★
Lage: Tour 2, Seite 23

Beschreibung: Von Pinzolo nördlich über Madonna di Campiglio entlang der Westseite der Brentagruppe. Benannt nach Karl dem Großen, gut ausgebaut, nicht sehr anspruchsvoll, Natur großartig.

Cavallino della Fobbia

Höhe: 1117 m,
Länge: ca. 17 km
Schwierigkeitsgrad: leicht
Fahrspaß: ★★
Natur: ★★
Lage: Tour 7, Seite 68

Beschreibung: Westlich des Gardasees zwischen Capovalle und Idrosee (Nebenstrecke), weitgehend unbekannt und daher auch recht einsam. Asphalt in gutem Zustand, leicht zu fahren.

Croce Domini

Höhe: 1892 m,
Länge: ca. 16 km
Schwierigkeitsgrad: mittel
Fahrspaß: ★★★
Natur: ★★★
Lage: Tour 8, Seite 80

Beschreibung: Zwischen Breno und Bagolino (35 km), wobei nur die Ostrampe zum Croce gehört, die westliche mündet in die Goletto di Cadino. Viel Fahrspaß, extrem kurvig, teilweise unübersichtlich.

Durone Pass

Höhe: ca. 1400 m,
Länge: ca. 10 km
Schwierigkeitsgrad: leicht
Fahrspaß: ★
Natur: ★
Lage: Tour 6, Seite 61

Beschreibung: Nördlich des Gardasees Verbindung zwischen Fiave und Tione (Nebenstrecke). Ostrampe landschaftlich lieblich, durchwegs recht steil, Westrampe waldreich. Einfach zu fahren.

Falzarego Pass

Höhe: 2117 m,
Länge: ca. 20 km
Schwierigkeitsgrad: mittel
Fahrspaß: ★★★
Natur: ★★★
Lage: Tour 11, Seite 105

Beschreibung: Von Andraz in 20 Kehren bis zur Passhöhe, oben weiter zum Valparola Pass oder hinunter nach Cortina d'Ampezzo. Zustand auf beiden Seiten gut, sehr viel Kurvenspaß!

Fedaia Pass

Höhe: 2056 m,
Länge: ca. 30 km
Schwierigkeitsgrad: mittel
Fahrspaß: ★★★
Natur: ★★★
Lage: Tour 11, Seite 104

Beschreibung: Sehr gut ausgebauter Pass zwischen Canazei und Caprile. Interessante Straßenführung, sehr guter Asphalt. Überwindet rund 1200 Höhenmeter. Herausragendes Panorama.

Fugazze Pass

Höhe: 1162 m,
Länge: ca. 35 km
Schwierigkeitsgrad: leicht
Fahrspaß: ★★★
Natur: ★★
Lage: Tour 3, Seite 28

Beschreibung: Zwischen Rovereto und Schio (Venetien). Westrampe landschaftlich und fahrerisch sehr abwechslungsreich. Weitgehend unbekannt, deshalb wochentags kaum frequentiert.

Giau Pass

Höhe: 2233 m,
Länge: ca. 16 km
Schwierigkeitsgrad: hoch
Fahrspaß: ★★★
Natur: ★★★
Lage: Tour 11, Seite 107

Beschreibung: Zwischen Cortina d'Ampezzo und Selva di Cadore. Nordrampe äußerst anspruchsvoll, unregelmäßige Kurven. Südrampe steil. Einzigartiger Rundblick auf der Passhöhe. Asphalt gut.

Giogo della Bala

Höhe: 2176 m,
Länge: 4 km
Schwierigkeitsgrad: hoch
Fahrspaß: ★★★
Natur: ★★★
Lage: Tour 8, Seite 83

Beschreibung: Eine der Passhöhen zwischen den Pässen Maniva und Croce Domini. Nur teilweise löchriger Asphalt, überwiegend Schotter. Die Straße wird seit Jahrzehnten nur geflickt.

Gobbera Pass

Höhe: 988 m,
Länge: ca. 16 km
Schwierigkeitsgrad: mittel
Fahrspaß: ★★
Natur: ★★
Lage: Tour 10, Seite 99

Beschreibung: Zwischen Canal San Bovo und Mezzano. Nebenstrecke. Am Wochenende viel Betrieb - vor allem Italiener nutzen die Straßen rund um den Rolle-Pass als „Rennstrecken".

Goletto di Cadino

Höhe: 1938 m,
Länge: ca. 4 km
Schwierigkeitsgrad: leicht
Fahrspaß: ★★
Natur: ★★
Lage: Tour 8, Seite 84

Beschreibung: Zwischen Passo di Croce Domini und dem Goletto Gaver gelegene Passhöhe - der höchste des Trios, das in einem Abstand von ca. 6 km beisammenliegt. Guter Asphaltzustand.

Goletto di Crocette

Höhe: 2070 m,
Länge: ca. 7 km
Schwierigkeitsgrad: hoch
Fahrspaß: ★★★
Natur: ★★★
Lage: Tour 8, Seite 83

Beschreibung: Eine der Spitzen zwischen Maniva Pass und Croce Domini. Nordrampe katastrophal (s. Giogo della Bala), Südrampe zum Maniva Pass hinunter asphaltiert, Zustand gut bis sehr gut.

Goletto Gaver

Höhe: 1795 m,
Länge: ca. 12 km
Schwierigkeitsgrad: mittel/hoch
Fahrspaß: ★★★
Natur: ★★
Lage: Tour 8, Seite 84

Beschreibung: Niedrigster im Trio mit Croce Domini und Goletto di Cadino. Abfahrt nach Bagolino abwechslungsreich, anspruchsvoll, teilweise enge Kehren, Asphalt oft wellig, viel Flickwerk.

Grödnerjoch

Höhe: 2121 m,
Länge: 13 km
Schwierigkeitsgrad: mittel/hoch
Fahrspaß: ★★★
Natur: ★★★
Lage: Tour 12, Seite 115

Beschreibung: Teil der Sellarunde. Eigentlich zwei Spitzen: westl. des Grödnerjochs liegt der Buckel Sella del Culac (2018 m). Insgesamt fast perfekt ausgebaut, 6 - 8 m breit, viel Omnibusverkehr.

Kaiserjägersträßchen

Höhe: 1255 m,
Länge: ca. 12 km
Schwierigkeitsgrad: mittel
Fahrspaß: ★★★
Natur: ★★★
Lage: Tour 3, Seite 31

Beschreibung: Großartig angelegtes Militärsträßchen mit schönen Aussichten zwischen Lago di Caldonazzo und der Hochebene von Lavarone. Zwei Tunnel (2,5 m breit), insgesamt schmal.

Manghenpass

Höhe: 2047 m,
Länge: ca. 40 km
Schwierigkeitsgrad: mittel/hoch
Fahrspaß: ★★★
Natur: ★★
Lage: Tour 10, Seite 96

Beschreibung: Verbindung zwischen den Tälern Val di Fiemme und Val Sugana, wenig frequentiert, Fahrverbot für Busse, Lkws. Nordrampe 13, Südrampe 10 z.T. sehr enge Kehren. Max. 16%.

Maniva Pass

Höhe: 1664 m,
Länge: ca. 32 km
Schwierigkeitsgrad: mittel
Fahrspaß: ★★★
Natur: ★★★
Lage: Touren 7, 8, Seiten 69, 81

Beschreibung: Zwischen Bovegno und Bagolino. Kreuzung auf Passhöhe: G. di Crocette oder Spinapass. Weiterfahrt über kleinen Schotterparkplatz nach Bagolino. Mäßiger bis guter Zustand.

Monte Bondone

Höhe: ca. 1650 m,
Länge: ca. 36 km
Schwierigkeitsgrad: mittel
Fahrspaß: ★★★
Natur: ★★★
Lage: Tour 1, Seite 6

Beschreibung: Westlich der Stadt Trient. Extrem kurvig, viele teilweise äußerst enge Kehren, herrliche Aublicke vor allem auf der Westseite hinüber zur Brenta. Straßenzustand hervorragend.

Pellegrino Pass

Höhe: 1918 m,
Länge: ca. 30 km
Schwierigkeitsgrad: mittel
Fahrspaß: ★★
Natur: ★★
Lage: Tour 11, Seite 107

Beschreibung: Von Moena nach Osten verlaufend. Westrampe sehr gut ausgebaut, bis ca. 7 m breit, Ostrampe führt durch Wald, viele Kehren, Gefälle bis zu 18 %, Straße teilweise eng, jedoch zweispurig.

Pordoijoch

Höhe: 2239 m,
Länge: ca. 30 km
Schwierigkeitsgrad: mittel/hoch
Fahrspaß: ★★★
Natur: ★★★
Lage: Tour 12, Seite 112

Beschreibung: Südlichster Pass der Sellarunde. 27 Kehren an der West-, 33 an der Ostrampe. Verlauf relativ einfach, die vielen Kehren für Ungeübte jedoch anstrengend. Guter Zustand, ca. 5 bis 8 m breit.

Redebus Pass

Höhe: 1455 m,
Länge: ca. 14 km
Schwierigkeitsgrad: leicht
Fahrspaß: ★
Natur: ★★
Lage: Tour 3, Seite 31

Beschreibung: Weitgehend unbekannte und daher wenig freqentierte Nebenstraße nördlich von Baselga. Asphalt in gutem Zustand, Straße knapp zweispurig, kaum Ansiedlungen.

Rollepass

Höhe: 1970 m,
Länge: ca. 43 km
Schwierigkeitsgrad: mittel
Fahrspaß: ★★
Natur: ★★
Lage: Tour 10, Seite 99

Beschreibung: Verbindet Predazzo mit dem Südosten des Trentinos. Extrem kurvig, Westrampe 12 teilweise enge, Südrampe 30 gut ausgebaute Kehren. Viel Fahrspaß, an Wochenenden extrem viel Betrieb.

Sellajoch

Höhe: 2244 m,
Länge: ca. 10 km
Schwierigkeitsgrad: hoch
Fahrspaß: ★★★
Natur: ★★★
Lage: Tour 12, Seite 115

Beschreibung: Westlicher Pass der Sellarunde. Nordrampe ca 9, Ostrampe ca. 11 %. Fahrbahnbreite ca. 5 bis 7 m. Guter Zustand. Durchwegs mittelschwer, Kehren an der Südrampe oben sehr schwierig.

Sommo Pass

Höhe: 1343 m,
Länge: ca. 20 km
Schwierigkeitsgrad: leicht
Fahrspaß: ★★
Natur: ★★
Lage: Tour 3, Seite 29

Beschreibung: Verbindet Etschtal mit der Hochebene von Lavarone. Asphalt sehr gut, durchwegs zweispurig. Abschnitt Etschtal-Folgaria landschaftlich und fahrerisch außergewöhnlich attraktiv (Bild S. 26).

Spina Pass

Höhe: 1521 m,
Länge: ca. 21 km
Schwierigkeitsgrad: hoch
Fahrspaß: ★★★
Natur: ★★★
Lage: Tour 7, Seite 69

Beschreibung: Verbindet Anfo am Idrosee mit dem Maniva. Extrem kurvig, äußerst anspruchsvoll zu fahren, teilweise nicht asphaltiert. Oberer Teil seit 2004 unpassierbar. **Schwindelfreiheit Voraussetzung!**

Telegraf

Höhe: ca. 1130 m,
Länge: ca. 20 km
Schwierigkeitsgrad: mittel/hoch
Fahrspaß: ★★
Natur: ★★
Lage: Tour 4, Seite 55

Beschreibung: Entlang der Westseite des Monte Baldo. Fahrbahn überwiegend einspurig. Abfahrt zum Gardasee relativ schwierig, sehr enge, steile Kehren, Straßenzustand teilweise sehr schlecht.

Tremalzo

Höhe: 1702 m,
Länge: ca. 8 km
Schwierigkeitsgrad: leicht
Fahrspaß: ★
Natur: ★★
Lage: Tour 6, Seite 60

Beschreibung: Verbindung zwischen Ampola Pass und dem Gardasee. Nur noch die Westrampe ist befahrbar. Ostrampe geschottert, landschaftlich und fahrerisch herausragend, leider gesperrt.

Valparola Pass

Höhe: 2192 m,
Länge: ca. 12 km
Schwierigkeitsgrad: mittel
Fahrspaß: ★★
Natur: ★★★
Lage: Tour 11, Seite 105

Beschreibung: Verbindet Gadertal und Falzarego Pass. Zustand gut bis sehr gut, Straßenbreite ca. 5 bis 8 m. Fahrerisch mäßig anspruchsvoll, landschaftlich herausragend, vor allem auf der Passhöhe.

Vezzena Pass

Höhe: 1402 m,
Länge: ca. 30 km
Schwierigkeitsgrad: leicht
Fahrspaß: ★★
Natur: ★★
Lage: Tour 3, Seite 29

Beschreibung: Verbindet Sommo Pass und Asiago (Venetien). Passhöhe an der Provinzgrenze auf einer Alm mitten in einer Hügellandschaft. Straßenzustand gut, Verschmutzung durch Vieh.

Xomo Pass

Höhe: 1056 m,
Länge: ca. 15 km
Schwierigkeitsgrad: leicht/mittel
Fahrspaß: ★★
Natur: ★★
Lage: Tour 3, Seite 28

Beschreibung: Nordöstlich des Fugazze Passes, Verbindungsstraße ohne große verkehrstechnische Bedeutung, kaum frequentiert. Guter Zustand, knapp zweispurig, oft verschmutzt (Waldwirtschaft).

Trentino von A bis Z

Hier finden Sie alles, was Sie für entspanntes Reisen brauchen – die schnellsten und günstigsten Routen, Spartipps und viele Infos zu den wichtigsten Themen.

Anreise

Aus Deutschland: über München, A 8 bis Autobahndreieck Inntal, A 93 Innsbruck, A13 Brenner-Autobahn, oder München, Garmisch, Bundesstraße über Zirler Berg, Innsbruck, Brenner-Autobahn, A 22 bis Rovereto, Abfahrt „Rovereto Süd, Lago di Garda Nord". In Österreich gilt auf Autobahnen Vignettenpflicht, die „Pickerl", wie sie die Österreicher nennen, gibt´s an den Tankstellen. Brennerautobahn ab Innsbruck nicht vignettenpflichtig, dafür wird Maut kassiert. Landstraße Innsbruck Gardasee ca. 200 Kilometer.

Spartipp: In Österreich nochmal volltanken. Die Tankstelle an der Autobahnabfahrt Innsbruck Süd ist in der Regel die billigste. Shell direkt am Brenner vor der Grenze ist Biker-Treff. Hier gibt's Wetter-Infos, Gepäcktresor und Unterstellmöglichkeiten.

Fahrtipp: Ein schöner, aber zeitraubender Umweg zum Gardasee führt über Füssen, Reutte, Fernpass (1209 m), Nassereith, Imst, Ötztal, Timmelsjoch (2497 m; Maut wird auf österreichischer Seite für beide Seiten kassiert), Jaufenpass (2094 m), Penser Joch (2214 m; Achtung, Wintersperren bis in den Frühsommer möglich), ab Bozen auf der Bundesstraße bis Trient (Trento), Riva del Garda.

Wer nicht jeden Euro zweimal umdrehen muss, sollte in die Vignette und die Maut investieren. Die Fahrt über die Brennerbundesstraße kostet viel Zeit, Spaß kommt auch nicht auf: Die Geschwindigkeit ist

meist beschränkt, die Polizei überwacht die Strecke mit stationärem und mobilem Radar.

- **Aus Österreich:** Aus Ostösterreich (Großraum Wien, Burgenland, Kärnten) über Villach (A2), Tarvisio (A23), Udine, Palmanova (A4), Venedig, Verona, Gardasee.

- **Aus der Schweiz:** Gotthard Route (N2, A9), Mailand (A4), Verona, Gardasee.

DB AutoZug

Von mehreren deutschen Städten fahren Autozüge nach Italien bzw. Österreich - vor allem für Norddeutsche interessant. Alle Infos: ☎ 0 18 05/24 12 24.
☝ **Tipp:** Die Züge sind sehr begehrt, rechtzeitig buchen!
www.dbautozug.de

Ausrüstung

Unbedingt Regenkombi mitnehmen. Quer durch die Alpen muss man auch im Hochsommer mit raschen Wetterumschwüngen rechnen. Das gilt auch für Touren in die Berge rund um den Gardasee. Auch lange Unterwäsche bzw. Innenfutter für die Kombi kann nicht schaden.
Das Preisgefüge zwischen den EU-Ländern ist inzwischen relativ gering, mit wenigen Ausnahmen sind die Preise praktisch auf gleichem Niveau. Auch bekommt man in Italien alles, das gilt auch für gängige Medikamente wie Aspirin oder Rennie gegen Sodbrennen (falls man zuviel vom guten Rotwein getrunken hat ...). Die Präparate werden sogar unter dem gleichen Namen verkauft.

Benzin

Rund um den See gibt's fast in jedem Nest Tankstellen. Selbstbedienung ist in Italien inzwischen fast überall üblich. Bleifrei, senza piombo, 95 Oktan ist kein Problem, Super Plus (98 Oktan) ist allerdings rar, nicht an jeder Tankstelle erhältlich. Nachts und über Mittag haben viele geschlossen (chiuso), aber automatische Zapfsäulen in Betrieb (aperto), die mit Geldscheinen und Maestro-Karten funktionieren.
Anders als bei uns sind die Tankstellen keine Supermärkte – es gibt dort wirklich nur Benzin, Öl (meist nur in 1-Liter-Dosen). Kettenspray besser von zu Hause mitnehmen.
Fahrtipp: Vor den beschriebenen Touren abseits des Sees unbedingt tanken. Auf dem Land, besonders im Gebirge, ist die Versorgung noch nicht überall gewährleistet. Und viele Land-Tankstellen haben sonntags zu und Automaten-Zapfsäulen sind dort noch selten.

Dipl. Vertretungen

In Notfällen (z. B. Motorrad, Geld und Papiere weg,) gibt es Hilfe bei den jeweiligen diplomatischen Vertretungen der Länder.

Deutsches Konsulat
Via S. Martino della Battaglia,
I-00185 Rom,
☎ 06 49 21 31.

Österreichisches Konsulat
Via Giovanni Pergolesi,
I-00100 Rom,
☎ 0 68 44 01 41.

Schweizer Konsulat
Via Barnaba Oriani 61,
I-00197 Roma,
☎ 06 80 95 71.

Tipp: Wir haben alle unsere persönlichen Papiere (Führerschein, Fahrzeugschein, Pass etc.) in den Computer eingescannt und auf den Server des E-Mail-Account gelegt. Für den unwahrscheinlichen, aber möglichen Fall, dass im Urlaub mal was wegkommen sollte, kann man dann z.B. im Hotel oder Internetcafé die Papiere runterladen und ausdrucken. Das sind dann zwar nur Kopien bzw. schlechte Ausdrucke, aber es erleichtert die Beschaffung von Ersatzdokumenten ungemein. Und z. B. für die Heimreise innerhalb Europas, in der es kaum noch Grenzkontrollen gibt, tun sie es in Zusammenhang z.B. mit einem Diebstahlsprotokoll der örtlichen Polizei als vorübergehende Reisedokumente in den meisten Fällen.

Informationen

Fast jede Region hat eigene Tourismusbüros, in Trento sitzt eine Zentrale, die alle Informationen gibt. Hier die Adressen:

Trentino S.p.A. Marketing AG,
Via Romagnosi 11, I-38100 Trento,
☎ 00 39/04 61/21 95 00,
Fax: 00 39/04 61/21 94 06,
www.visittrentino.it

Tourismusverband Trento und Monte Bondone,
☎ 00 39/04 61/21 60 00,
www.apt.trento.it

Tourismusverband Rovereto und Vallagarina,
☎ 00 39/04 64/43 03 63,
www.aptrovereto.it

Tourismusverband Folgaria, Lavarone und Luserna,
☎ 00 39/04 64/72 41 00,
www.montagnaconamore.it

Tourismusverband Madonna di Campiglio - Pinzolo - Val Rendena,
☎ 00 39/04 65/44 75 01,
www.campiglio.to

Tourismusverband Terme di Comano - Dolomiti di Brenta,
☎ 00 39/04 65/70 26 26,
www.comano.to

Tourismusverband Dolomiti di Brenta und Altopiano della Paganella,
☎ 00 39/04 61/58 58 36,
www.esperienzatrentino.it

Tourismusverband Valle di Non,
00 39/04 63/83 01 33,
☎ *www.valledinon.tn.it*

Tourismusverband Garda Trentino,
☎ 00 39/04 64/55 44 44,
www.gardatrentinoline.it

Tourismusverband Valsugana, Lagorai,
☎ 00 39/04 61/70 61 01,
www.valsugana.info

Tourismusverband Val di Fiemme,
☎ 00 39/04 62/24 11 11,
www.visitfiemme.it

Tourismusverband Altopiano und Valle di Cembra,
☎ 00 39/04 61/55 70 28,
www.aptpinecembra.it

Tourismusverband Val di Fassa,
☎ 00 39/04 62/60 95 00,
www.fassa.com

Tourismusverband San Martino di Castrozza, Primiero und Vanoi,
☎ 00 39/04 39/76 88 67,
www.sanmartino.com

Tourismusverband Val di Sole, Val die Pejo und Val di Rabbi,
☎ 00 39/04 63/90 12 80,
www.valdisole.net

Klima/Reisezeit

Die Sommer sind heiß (Juli, August ca. 27 Grad), Frühjahr und Herbst mild (ca.17 Grad im April und Oktober).
Am Gardasee ist es oft recht dunstig, richtig klare Tage mit schöner Fernsicht sind selten, meist nur, wenn Wind weht. Der Gardasee wird auch im Hochsommer selten wärmer als vielleicht mal 21 Grad.

Im Sommer gibt es kaum Niederschläge und wenn, dann als teilweise sehr überraschende und heftige Gewitter. Wegen der hohen Berge, an denen die Wolken hängenbleiben, ist das Wetter im Norden oft schlechter als im Süden - das gilt vor allem für den Gardasee.

☝ **Hinweis:** Die Wetterlage kann sich in den Bergen um den See schnell ändern. Unser Team brach mal Ende August morgens bei schönstem Wetter zum Maniva Pass auf. Nach einem einstündigen Mittagessen auf der Passhöhe war draußen alles weiß. Der Schnee bleibt zwar um diese Jahreszeit nicht liegen, Temperaturstürze können jedoch enorm sein.

Beste Reisezeit ist Frühjahr und Herbst. Im Juli und August ist vor allem rund um den Gardasee viel Betrieb!

Medizinische Versorgung

Mit der seit 2005 schrittweise eingeführten EU-weit gültigen Versicherungskarte (betrifft nur gesetzliche Kassen) kann man sich auch in Italien behandeln lassen. Allerdings muss man oft einen Teil selbst bezahlen bzw. die Kosten vorstrecken. Belege aufheben, damit man im Falle eines Falles die Kosten zu Hause ersetzt bekommt.

Zusatzversicherung: Selbst wer nur ein paar Mal im Jahr verreist, sollte eine private Auslandskrankenversicherung abschließen. Ab ca. 6 Euro/Jahr bei vielen Versicherungen.

Apotheken: erkennen Sie am grünen, oft heftig blinkenden Kreuz und der Aufschrift „farmacia“. Meist von 9 bis 12 und 15 bis 19 Uhr geöffnet.

Ärzte und Zahnärzte: Adressen und Empfehlungen von den örtlichen Tourismusbüros oder Hotels erfragen. Hier weiß man auch, ob die Ärzte Englisch oder sogar Deutsch sprechen.

Krankenhäuser: In größeren Orten Kliniken und Krankenhäuser mit gutem Standard. Der Aufenthalt in einem Krankenhaus, in dem die eigene Sprache nicht oder nur kaum gesprochen wird, ist unangenehm, doch die gesetzlichen Kassen zahlen keine Heimtransporte. Auch deshalb ist der Abschluss einer privaten Versicherung sinnvoll!

Notrufnummern

Carabinieri 112
Feuerwehr115
Rettung 118

Na denn: Gute Nacht!

Im Club Mototurismo sind fast 100 Hotels, Pizzerien und Restaurants, die sich ganz auf Motorradfahrer spezialisiert haben.

Abends nach einer Tour mit Gleichgesinnten Benzingespräche führen, vielleicht das Motorrad reinigen, oder die Möglichkeit, kleinere Wartungsarbeiten auszuführen - das wünscht man sich von einer Unterkunft. „Genau das finden Sie in den Häusern des Club Mototurismo", sagt Silvio Rigatti, Vorstand des Clubs und Inhaber des Hotels Toresela am Gardasee (Nago-Torbole, Foto, www.hoteltoresela.it, Nr. 23).

Hotel-, Gasthof-, Restaurant- und Pizzerienbesitzer haben sich zusammengeschlossen, motorradfahrerfreundliche Programme entwickelt.

Die meisten Häuser verfügen über abgeschlossene Motorradgaragen oder Stellplätze, mehr oder weniger gut ausgestattete Werkstätten, Waschmöglichkeiten, manche sogar über Trockenräume.

Auf Wunsch reservieren die Wirte Zimmer für Biker, die in Etappen fahren, oder Gepäcktransport, wenn man seine Sache nicht mitnehmen will.

In den Restaurants wird auf traditionelle Küche geachtet, vorwiegend mit heimischen Produkten gekocht, Wein aus dem Trentino ausgeschenkt.

www.trentinoinmoto.com, Adressen auf folgenden Seiten.

Clubhäuser

1 HOTEL DU LAC
Via Trieste 32, 38064 Lavarone, 04 64/78 31 12, *www.dulachotel.info*

2 HOTEL TRENTINO
Via A. Manzoni 63 - Carbonare, 38064 Folgaria, 04 64/76 51 29, *www.hoteltrentino.it*

3 HOTEL ROSALPINA
Via Strada Nuova 8, 38064 Folgaria, 04 64/72 12 40, *www.hrosalpina.com*

4 HOTEL CORNETTO
Via Garducci 9 - Carbonare, 38064 Folgaria, 04 64/76 51 31, *hotelcornetto@virgilio.it*

5 HOTEL OLIMPIC
Via Cadrobol 24 - Miola, 38042 Baselga di Pine, 04 61/55 84 22, *www.hotelolimpic.com*

6 HOTEL ALLE PIRAMIDI
Fraz. Scancio 24, 38047 Segonzano, 04 61/68 61 06, piramidihotel@cr-surfing.net

7 HOTEL PINETA
Lago Piazze, 38043 Bedollo, 04 61/55 66 42, *www.infopineta.it*

8 ALEXANDER HOTEL CIMA TOSA
Piazza Scuole 7, 38018 Molveno, 04 61/58 69 28, *www.alexandermolveno.com*

9 HOTEL ZURIGO
Via Rio Masso 2, 38018 Molveno, 04 61/58 69 47, *www.hotelzurigomolveno.it*

10 SPORT HOTEL PANORAMA
Via Carletti 6, 38010 Fai della Paganella, 04 61/58 31 34, *www.sporthotelpanorama.it*

11 PUB HOTEL EL PASO
Passo Santel 26, 38010 Fai della Paganella, 04 61/58 31 00, *www.elpaso.it*

12 RESIDENCE ALLE PALME
Viale Vannetti 5, 38066 Riva del Garda, 04 64/55 94 62, www.residence-allepalme.com

13 RESIDENCE FILANDA
Via S. Alessandro 51 38066 R. d. Garda, 04 64/55 47 34, *residencefilanda@rivadelgarda.com*

14 HOTEL CAMPAGNOLA
Via S. Tomaso 11, 38066 Riva del Garda, 04 64/52 11 03, *www.hotelcampagnola.com*

15 HOTEL MIRAGE
Viale Rovereto 97/99, 38066 Riva del Garda, 04 64/55 26 71, *www.mirageriva.it*

16 AMBASSADOR SUITE HOTEL
Via Longa 16, 38066 Riva del Garda, 04 64/55 03 58, *www.ambassadorsuite.it*

17 HOTEL LA GIOIOSA
Via Cartiere 70, 38066 Riva del Garda, 04 64/52 13 56, www.gioiosa.it

18 PARC HOTEL FLORA
Viale Rovereto 54, 38066 Riva del Garda, 04 64/57 15 71, *www.parchotelflora.it*

19 RISTORANTE VILLA ARANCI
Viale Rovereto 25, 38066 Riva del Garda, 04 64/55 27 15, *www.villaaranci.it*

20 HOTEL VILLA ROSA/MARIA
Via Foci del Sarca - Torbole, 38069 Nago Torbole, 04 64/50 51 02, *www.villarosamaria.com*

21 HOTEL SANTONI
Via Strada Granda 2 - Torbole, 38069 Nago Torbole, 04 64/50 59 66, *www.hotelsantoni.com*

22 ALBERGO GARNI VILLA CLARA
Via Matteotti 13,
38069 Nago Torbole,
04 64/50 51 41,
www.villaclara.it

23 HOTEL TORESELA/GARDASEE
Via Rivana 5 a,
38069 Nago Torbole,
04 64/54 00 30,
www.hoteltoresela.it

24 HOTEL ELISABETTA
Via Coize 3,
38069 Nago Torbole,
04 64/50 51 76,
www.hotelelisabetta.com

25 HOTEL EVEREST
Viale Rovereto 91,
38062 Arco,
04 64/51 92 77,
www.hoteleverest.it

26 ALBERGO VILLA FRANCA
Via Lungo Sarca 8 -
Linfano, 38062 Arco
04 64/50 51 62
www.hotelvillafranca.net

27 HOTEL GARNI AL FRANTOIO
Via delle Grazie 22 -
Varignano, 38062 Arco,
04 64/51 83 17,
www.garnialfrantoio.it

28 HOTEL MARONI
Via Casarino 1,
38060 Molina di Ledro,
04 64/50 81 98,
www.hotelmaroni.it

29 HOTEL RISTORANTE VELA
Via SS. Cosma e
Damiano 21, 38100
Trento, 04 61/82 72 00
www.hotelvela.com

30 HOTEL MONTANA
Loc. Vason 84 - Monte
Bondone, 38040 Trento,
04 61/94 82 00,
www.hotelmontana.it

31 RISTRORANTE DA PINO
Via G. Postal 39,
38010 S. Michele,
04 61/65 04 35,
www.ristorantedapino.it

32 HOTEL BELLAMONTE
Via Prai de Mont 52 -
Bellamonte, 38037
Predazzo, 04 62/57 61 16,
www.bellamonte.net

33 HOTEL ITALIA VILLA MONICA
Via Segherie 80, 38030
Castello di Fiemme,
04 62/34 13 35, *www.*
hotelitalia-dolomiti.com

34 HOTEL LA STUA
Via Baldieroni 2,
38033 Cavalese,
04 62/34 02 35,
info@hotellastua.com

35 RISTORANTE COSTA SALICI
Via Costa dei Salici 10,
38033 Cavalese,
04 62/34 01 40,
www.costasalici.com

36 L'OSTERIA RISTORANTE BAR
Via 9 Novembre 14,
38033 Cavalese,
04 62/23 10 48, *osteria-*
cavalese@hotmail.it

37 RISTORANTE CAORE
Loc. Stava 31,
38038 Tesero,
04 62/81 46 79,
www.lecaore.it

38 ALBERGO ALLA LANTERNA
Loc. Foxi 23,
38060 Vallarsa,
04 64/86 91 44,
www.lanternafox.com

39 ALBERGO AL PASSO
Via Martini 37 - P. Pian
delle Fugazze, 38060
Vallarsa, 04 64/86 92 50,
www.albergoalpasso.it

40 HOTEL SAN GIACOMO
Loc. S. Giacomo,
38060 Brentonico,
04 64/39 15 60,
www.hotelsgiacomo.it

41 RIFUGIO MONTE BALDO
Loc. Madonna della
Neve, 38063 Avio,
04 64/39 15 53, *www.*
rifugiomontebaldo.it

42 ALBERGO MONTI LESSINI
Loc. Sega 7,
38061 Ala,
04 64/67 12 53, *info@*
albergomontilessini.it

43 SCHLOSS HOTEL DOLOMITI
Union Hotels, Dolomites
66, 38032 Canazei,
04 62/60 11 06, *www.*
unionhotelscanazei.it

44 HOTEL BELLAVISTA
Streda de Pordoi 12 -
Pecol, 38032 Canazei,
04 62/60 11 65,
www.bellavistahotel.it

45 HOTEL FIORDALISO
Streda Dolomites 4,
38032 Canazei,
04 62/60 14 53,
www.hfiordaliso.com

46 HOTEL ALPI
Via Dolomiti 34, 38031 Campitello di Fassa, 04 62/75 04 00 www.hotelalpi.it

47 HOTEL PANORAMA
Via Dolomiti 12, 38031 Campitello di Fassa, 04 62/75 01 12, *www.panoramahotel.it*

48 GARNI ARITZ RESIDENCEHOTEL
Pent de Sera 34, 38031 Campitello di Fassa, 04 62/75 21 00, *www.residencehotel.it*

49 PUB EVITA
Piaz De Ciampedel 15, 38031 Campitello di Fassa, 3 35/48 46 07, *www.evitapub.com*

50 HOTEL TOURING
Via Col da Pra 34 38036 Pozza di Fassa, 04 62/76 32 68, *www.touringhotel.info*

51 HOTEL OLYMPIC
Strada Dolomites 4, 38039 Vigo di Fassa, 04 62/76 42 25, *www.at-olympic.com*

52 HOTEL FORESTA
Via Nazionale 1, 38035 Moena, 04 62/57 32 60, *www.hotelforesta.it*

53 HOTEL AI ZIRMES
Strada de Pece 10, 38035 Moena, 04 62/57 31 60, *www.hotelzirmesmoena.it*

54 HOTEL STELLA DELLE ALPI
Via Mendola 41, 38010 Ronzone, 04 63/88 06 20, *www.stelladellealpi.it*

55 ALBERGO CLES
Via Navarino 7, 38023 Cles, 04 63/42 13 00, *www.albergocles.com*

56 ALBERGO AURORA
Via Cantone 24 - Tret, 38013 Fondo. 04 63/88 00 22, *www.albergo-aurora.it*

57 PINETA HOTELS
Villaggio Albergo, Via al Santuario 17, 38010 Coredo, 04 63/53 68 66, *www.pinetahotels.it*

58 ALBERGO CASEZ LUCH
Via Roma 48 - Casez, 38010 Sanzeno, 04 63/43 41 30, *www.albergocasez.it*

59 HOTEL SILENCE
Fraz. Scanna 20, 38020 Livo, 04 63/53 31 53, *www.hotelsilence.it*

60 HOTEL BEL SOGGIORNO
Via Miravalle 7, 38013 Malosco, 04 63/83 12 05, *www.h-belsoggiorno.com*

61 AFFITTACAMERE LARIX
Fraz. Mocenigo, 38020 Rumo, 04 63/53 10 31, *www.larixrumo.it*

62 ALBERGO DU PARC
Via p. Corte Superiore 2, 38020 Rumo, 04 63/53 01 79 *hotelduparc@virgilio.it*

63 HOTEL MARGHERITA
Fraz. Marcena 61, 38020 Rumo, 04 63/53 05 31, *www.hotelmargheritarumo.it*

64 BAR PIZZERIA AL FOLON
Lago Smeraldo 18, 38013 Fondo, 04 63/83 13 85, *info@trentinoinmoto.com*

65 HOTEL TEVINI
Via Fantoma 8 - Almazzago, 38020 Commezzadura, 04 63/97 49 85, *www.hoteltevini.com*

66 CAMPING CEVEDALE
Via Sotto Pila 4 - Fucine, 38026 Ossana, 04 63/75 16 30, *www.campingcevedale.it*

67 DOMINA PARCO D. STELVIO
Via S. Antonio 16 - Cogolo, 38020 Pejo, 04 63/75 45 53, *www.hotelstelviodomina.it*

68 ALBERGO RIST. MIRAVALLE
Via Nazionale 213, 38050 Imer, 04 39/72 51 00, *www.hotelmiravalle.com*

69 HOTEL ALPINO
Via Passo Rolle 239, 38058 S. Martino di Castrozza, 04 39/76 88 81, *www.hotelalpino.it*

70 HOTEL TRESSANE
Via Roma 30
38054 Tonadico,
04 39/76 22 05,
www.hoteltressane.it

71 HOTEL PRIMIERO
Via Roma 8,
38054 Tonadico,
04 39/6 40 65
www.hotelprimiero.com

72 HOTEL VIENNA
Via Hermann Panzer 1,
38050 Siror,
04 39/6 80 78
www.hvienna.com

73 AL BUS RISTORANTE PIZZERIA
Loc. Busarel 5,
38050 Imer,
04 39/72 52 68,
www.casadelbus.it

74 BAR DA STEFANIA
Via Laghetto 40,
38050 Siror,
04 39/6 88 15,
info@trentinoinmoto.com

75 HOTEL FLORA
Loc. Maso da Pont 1,
38070 Stenico,
04 65/70 15 49,
www.hotelfloracomano.it

76 AMBIEZ RESIDENCE HOTEL
Via Cima Tosa 109,
38084 Madonna di Campiglio, 04 65/44 21 10, *ambiez@residencehotel.it*

77 SPINALE HOTEL
Via Monte Spinale 39,
38084 M. di Campiglio,
04 65/44 11 16, *www.spinalehotelcampiglio.it*

78 ALBERGO SAJONARA
Via Giovanni Prati,
38071 Bleggio Inferiore,
04 65/70 13 39, www.
albergo-sajonara.it

79 HOTEL AURORA
Statale del Caffaro 139,
38082 Cimego,
04 65/62 10 64,
www.hotelaurora.tn.it

80 HOTEL DANIELA
Viale Venezia 3,
38056 Levico Terme,
04 61/70 62 13,
www.hoteldaniela.it

81 HOTEL CRISTALLO
Via G. De Vettorazzi 2,
38056 Levico Terme,
04 61/70 64 27, *www.hotelcristallo.trentino.it*

82 HOTEL DU LAC
Loc. Lago 2,
38056 Levico Terme,
04 61/70 65 90,
www.dulachotel.com

83 HOTEL LEVICO
Via Vittorio Emanuele 54,
38056 Levico Terme,
04 61/70 63 35,
www.hotellevico.com

84 HOTEL ELITE
Viale Roma 19,
38056 Levico Terme,
04 61/70 62 83,
www.hotelvb.it

85 ALBERGO DUE SPADE
Via Municipio 2,
38052 Caldonazzo,
04 61/72 31 13,
www.albergoduespade.it

86 PAOLI HOTEL ANTICA
Loc. Lochere 6,
38052 Caldonazzo,
04 61/70 61 86, *paolihotel@infotrentino.net*

87 HOTEL AL PIAN
Via Fricca 16 - Pian dei Pradi, 38040 Vattaro,
04 61/84 69 45,
www.hotelalpian.com

88 ALBERGO BELLAVISTA
Via Roma 17,
38053 Castello Tesino,
04 61/59 41 69
bellavista@dnet.it

89 HOTEL PIZZO DEGLI UCCELLI
Passo del Brocon,
38053 Castello Tesino,
04 61/59 43 65, *www.hotelpizzodegliuccelli.it*

90 HOTEL ALESSANDRA
Corso Alpini 1,
38050 Calceranica al Lago, 04 61/72 30 08,
www.albergoalessandra.it

91 HOTEL SAN CRISTOFORO
Viale Europa 15, 38050 S. Cristoforo al Lago,
04 61/53 11 05, www.
albergosancristoforo.it

92 RISTORANTE CRUCOLO
Loc. Val Campelle,
38050 Scurelle,
04 61/76 60 93,
www.rifugiocrucolo.it

Club-Häuser erkennen Sie sofort an diesem Logo am Eingang.

Aus Küche und Keller

Wie überall in Italien, legt man auch im Trentino Wert auf gutes Essen und Trinken. Hier die wichtigsten Infos über Wein und ausgesuchte Käse- und Wurstsorten.

Schon der große Wolfgang Amadeus Mozart ließ sich von einem Wein aus dem Trentino inspirieren. „Schenke den Wein, den exzellenten Marzemino, ein", empfiehlt der Maestro in seiner Oper „Don Giovanni" (2. Akt, 5. Szene - zum Angeben!) für ein gelungenes Menü. Im Wesentlichen gibt's im Trentino sechs Weine:

MARZEMINO
Rubinrot bis violett mit bläulichem Schimmer. Der Wein duftet blumig nach Waldbeeren. Reift ca. acht Monate in großen Fässern, wird dann auf Flaschen gezogen und noch mindestens ein Jahr liegen gelassen. Passt prima zu Gerichten aus dem Trentino, wie Polenta, Braten oder deftigen Schmorgerichten. Und natürlich auch einfach mal so zu einem guten Stück Käse oder einem Picknick (s. rechte Seite).

TEROLDEGO ROTALIANO
Dunkelrot, riecht erdig. Als einjähriger, junger Wein passt er hervorragend zu Wurst und Käse. Ist er lange gelagert, trinkt man ihn zu Wild und Käse.

TRENTO CLASSICO
Klarer, goldgelber Wein, der hervorragend zu Fisch passt.

MÜLLER THURGAU
Heller Weißwein, passt gut zu Vorspeisen.

SPUMANTE TRENTO D.O.C. CLASSICO
Erfrischend aus Chardonnay und Pino Nero - passt zu allen Speisen.

VINO SANTO Goldgelber bis bernsteinfarbener Dessertwein, der natürlich zu Süßem passt. Probieren Sie ihn jedoch auch mal zu Schimmelkäse ...

Überall an den schönsten Plätzen mit Aussicht gibt's im Trentino Picknickplätze mit Tischen und Bänken - ideal für eine Siesta im Grünen. Das gehört unbedingt dazu:

Ciuighe del Banale 12 bis 15 cm lange feste Würste aus Schweinefleisch. Früher Arme-Leute-Essen - wurde mit Rübenschnitzeln gestreckt - heute Delikatesse.

Mortandela Nicht zu verwechseln mit Mortadella! Spezialität aus dem Val di Non (Brenta). Schweinehack, gewürzt, getrocknet.

Spressa Frei übersetzt: Pressen. Durch Druck wird dem Käse Fett entzogen. Würziger, magerer Hartkäse, strohgelb mit vielen Löchern.

Puzzone di Moena Leicht zu erkennen: Rote Rinde und Geruch - ein extrem würziger Stinker, der zwischen 60 Tagen und sieben Monaten reifen muss.

Vezzena Ein Weichkäse, der auch nach einer Reifezeit von eineinhalb Jahren butterweich bleibt. Während der Reife wird er monatlich gewaschen und mit Leinöl eingepinselt.

Trentingrana Seit fast 100 Jahren wird im Trentino Grana produziert. Schmeckt wie Parmesan - herrlich am Stück zu Weißbrot oder als Mitbringsel, um ihn zu Hause über die Spaghetti zu reiben.

Casolet Rohmilchkäse, der in kleinen Laiben in den Handel kommt. Ein relativ frischer Käse, der nur 20 bis 60 Tage reift. Geschmack: lieblich, aber nicht langweilig.

Tipp: Exzellenten Käse erkennen Sie an einem aufgestempeltem „M". Es steht für „Malga" (Alm). Er besteht aus Milch, die auf Almen gewonnen wurde, Silofütterung des Viehs ist verboten.

Öffnungszeiten

Geschäfte sind in der Regel von 9 bis 12.30 Uhr und von 16 bis 19 Uhr geöffnet. In Fremdenverkehrsorten haben viele durchgehend auf, zum Teil abends so lange, wie der Besitzer Lust hat. Geöffnet ist auch samstags, manche Geschäfte haben sogar sonntags auf.

Post und Telefon

Öffnungszeiten der Postämter: Montag bis Freitag 8.30 bis 14 Uhr, samstags 8.30 bis 12 Uhr. In größeren Städten hat das Postamt auch nachmittags auf. Achtung: italienische Postkästen sind rot. Briefmarken gibt's auch in den „Tabacchis". **Telefonieren kann man in den Postämtern nicht.**

Öffentliche Fernsprecher: funktionieren mit Telefonkarten, die es in Bars und Tabakgeschäften gibt.

Handy: Die Mobilfunkanbieter Ihres jeweiligen Heimatlandes haben Verträge mit den italienischen Anbietern abgeschlossen. Am besten vor Reiseantritt klären, mit welchem Ihrer ein sogenanntes „Roaming Abkommen" geschlossen hat. In Italien mit der Anbieterauswahl des Handys den entsprechenden Anbieter wählen.

Spartipp: Trotz der Bemühungen der EU, die Handy-Preise innerhalb Europas zu begrenzen, sind Telefonate noch immer ziemlich teuer. Vieltelefonierer sollten sich Prepaidkarten für Italien besorgen. Dabei ändert sich zwar die eigene Handy-Nummer, dafür ist das Sparpotenzial enorm. Karten, Angebote und ausführliche Infos zum Thema finden Sie auf unserer Homepage unter *www.bike-book-shop.com*.

Vorwahlen aus Italien nach
Deutschland: 0049
Österreich: 0043
in die Schweiz 0041
Von genannten Ländern nach Italien 0039. Sie müssen bei Gesprächen nach und in Italien die Vorwahl des jeweiligen Ortes Mitwählen - auch bei Ortsgesprächen.

Internet: In praktisch allen größeren Städten gibt es inzwischen Internetcafés, in denen man seine E-Mails abrufen kann. Auch immer mehr Hotels bieten diesen Service an. Ohnehin ist E-Mail-Verkehr inzwischen auch bei Anfragen bzw. Buchungen immer mehr Standard.

Schifffahrt am Gardasee

Viele Orte sind vom Wasser aus am schönsten. Wer Zeit hat, sollte sich deshalb eine Bootsfahrt gönnen.
Alle wichtigen Orte sind in der Haupturlaubszeit mit Linienschiffen verbunden. Auch private Reedereien, die teilweise nur ein einziges Boot besitzen, bieten Fahrten an. Die Möglichkeiten reichen von einer kompletten Seeumrundung bis hin zu Fahrten einzelner Abschnitte. März bis September pendeln täglich von 8 bis 22 Uhr Fährschiffe zwischen Toscolano-Maderno (Westufer) und Torri del Benaco (Südufer, Dauer ca. 30 Minuten). Fahrpläne an den Anlegestellen.

Verkehr

In Italien gilt Helmpflicht und 0,5-Promille. Tempolimit auf Autobahnen 130, auf Landstraßen 90, innerorts 50 km/h.

Italien hat die Verkehrsvorschriften extrem verschärft. Es ist z.B. verboten, auf dem Hinterrad oder mit nur einer Hand zu fahren. Helme müssen der europäischen Norm entsprechen. Bei Zuwiderhandlungen kann die Polizei das Motorrad beschlagnahmen.

Legende

Wir haben in den Toureninfos den **Schwierigkeitsgrad der einzelnen Trips** in leicht, mittel und hoch eingeteilt. Hier eine Orientierung, was Sie dabei erwarten kann:

leicht:
Fahrerisch anspruchslos, übersichtliche Straßenführung, es gibt in der Regel keine bösen Überraschungen.

mittel:
Straßenführung unübersichtlich, schwierige Kurven, der Straßenbelag ist nicht immer einwandfrei.

hoch:
Teilweise sehr unübersichtliche Straßenführung, steile und enge Kurven, Straße kann am Abgrund führen, schlechter Belag, oft auch verschmutzt.

Bei den Tour-Steckbriefen am Tourenanfang und Touren-Infos am Ende finden Sie **immer wiederkehrende Symbole**:

Bringt besonders viel Fahrspaß, Extra-Tipp für Vielfahrer.

Besonders schöne Natur, Extra-Tipp für Genuss-Tourer.

Kulturelle Sehenswürdigkeit, Extra-Tipp für Kultur-Fans.

Immer die richtigen Worte

Verständigungsprobleme gibt es im Trentino kaum. Gerade in der Gastronomie wird in der Regel mindestens Englisch, meist sogar recht passabel Deutsch gesprochen. Klar, die meisten Touristen kommen aus Deutschland bzw. Österreich. Wobei das Verständnis des Deutschen abnimmt, je weiter man in den Süden kommt, vor allem am südlichen Gardasee. Hier ein paar Begriffe, die den Zugang erleichtern.

Begrüßung
Guten Morgen/Tag.
*Buon giorno (*sprich Bon dschorno*).*
Guten Abend (ab Mittag).
Buona Sera.
Gute Nacht (beim Zubettgehen).
Buona notte.
Hallo oder Auf Wiedersehen.
*Ciao (*sprich tschau*).*
Wie geht es Dir/Ihnen?
Come stai?Come sta?
Gut, danke. Und Dir/Ihnen?
Bene, grazie. E tu/lei?

Konversation/Höflichkeit Italiener sind höfliche Menschen, nehmen es mit dem „Sie" aber nicht so genau. Es kann durchaus sein, dass Sie im Restaurant oder Supermarkt geduzt werden - kein Mangel an Höflichkeit!
Ja/Nein/Vielleicht.
Si/No/Forse.
Bitte/Danke
*Per favore (*Nie prego sagen!*)./Grazie.*
Vielen Dank!
Tante grazie!
Entschuldigung.
Mi scusi.
Ich verstehe Sie/Dich nicht!
Non La/ti capisco!

Tankstelle/Werkstatt
Voll tanken, bitte.
Il pieno, per favore.
Bleifrei (oder ganz einfach „Grün").
Senza piombo (verde).
Ich habe eine Panne!
Ho un guasto!
Gibt es in der Nähe eine Werkstatt?
Scusi, c'è un officina qui vicino?

Verkehr Folgende Begriffe beschreiben Gefahren oder Regeln im Straßenverkehr:

Attenzione	Achtung
Deviazione	Umleitung
Rallentare	langsam fahren
Senso Unico	Einbahnstraße
Sbarrato	gesperrt
Tenere la destra	rechts fahren
Tutti direzione	alle Richtungen

Hotel
Haben Sie noch ein Doppelzimmer?
È libera una doppia...?
... für eine Nacht?
... per una notte?
... mit Dusche/Bad?
... con doccia/bagno?
Was kostet das Zimmer?
Quanto costa la camera?

Alle Touren als GPS-Daten

Immer wieder haben Leserinnen und Leser den Wusch an uns herangetragen, die Touren in unseren Büchern auch als GPS-Daten anzubieten. Bitteschön:

Ab sofort bieten wir unsere Buchreihe auch digitalisiert an. Das Paket, das in der Aufmachung an eine Spielfilm-DVD erinnert, beinhaltet folgende Produkte:

ALLE TOUREN ZUM DOWNLOAD

Eine CD, auf der sämtliche Routen für Mapsource (Garmin) bzw. Tom-Tom abgespeichert sind. Sie brauchen die Touren lediglich mit Hilfe eines Computers oder Laptop auf Ihr Gerät überspielen - und schon kann's losgehen.

ALLE INFOS ZUM NACHLESEN

Auf der CD finden Sie denselben Inhalt, den Sie auch z.B. in „Trentino, Gardasee - Die schönsten Motorrad-Touren" finden: Alle Texte, Tourensteckbriefe, Routen-Infos, Stadtführer, Reise-Infos und natürlich die Kartenskizzen.

ALLES INTERAKTIV

In unseren Büchern verweisen wir immer wieder auf Internetadressen, bei denen Sie weiterführende Informationen bekommen, bzw. auf die Adressen von Hotels. Die Links auf der CD sind interaktiv, das heißt, Sie müssen sie lediglich anklicken und - sofern Sie über einen Internetanschluss verfügen - werden Sie automatisch mit den jeweiligen Seiten verbunden.

VOLLWERTIGE STRASSENKARTE

Alle CDs liefern wir mit unseren bewährten vollwertigen Straßenkarten aus - schließlich ist eine gute Karte immer noch durch nichts zu ersetzen.

GPS-GERÄTE

und Zubehör finden Sie teilweise weit unter UVP bei uns im Shop auf *www.bike-book-shop.com*

Ihr persönlicher Gutschein

Gutschein

Ausschneiden, ausfüllen, bitte ausreichend frankieren und abschicken. Sie erhalten umgehend mit der Post auf Rechnung eine CD-Rom (ohne Karte) mit den ausgearbeiteten Touren, die Sie hier im Buch kennengelernt haben zum **Vorzugspreis von fünf Euro**. Sie müssen sie nur noch auf Ihr GPS-Gerät übertragen. Für TomTom und Garmin.

Ihr persönlicher Gutschein

Absender

Name, Vorname

Adresse, Hausnummer

Postleitzahl, Ort

Hiermit bestelle ich die CD Trentino-GPS-Touren zum Vorzugspreis von 5 Euro zuzügl. Versandkosten (1,45 Euro innerhalb Deutschlands, 3 Euro EU-Länder und Schweiz).

Unterschrift

Bitte ausreichend frankieren

bike-book.com
Alfred Müller
Abtsrieder Straße 8
D-86934 Reichling

Trentino/Gardasee

Die schönsten Motorrad-Touren

2. völlig neu bearbeitete Auflage 2008

Herausgeber

Alfred Müller,
Alexander Frimberger
www.bike-book.com

Redaktion

Texte:
Alfred Müller,
Alexander Frimberger
Luka Graf

Schlussredaktion:
Bernd Cosmar, Luka Graf

Gestaltung, Produktion:
Alfred Müller

Kartografie:
Anneli Nau

Druck

Lana-Repro
Lana, Südtirol

ISBN/Preis

ISBN: 978-3-00-023197-1
Preis: 14,90 € inkl. Karte

Bildnachweis

Alexander Frimberger: Seiten 26, 27, 50, 53, 120, 122.

Flavio Faganello: Seiten 100.

Luka Graf: Seiten 3, 8, 9, 10, 18, 20, 21, 23, 28, 59, 62, 66, 94, 96, 97, 98, 113, 119, 121, 128, 135.

Klaus Jedlicka: Seiten 40, 41, 41, 69, 70, 79, 80, 81, 89, 90, 92, 112, 113, 114, 119.

Roman Job: Seiten 42, 43, 46, 47, 124.

Ronny Kiaulehn: Seiten 38, 120.

Alfred Müller: Seiten 1, 2, 6, 8, 9, 21, 24, 29, 30, 31, 48, 56, 59, 60, 69, 72, 82, 87, 88, 102, 118, 104, 106, 107, 120, 121, 131, 141.

Simon Müller: Seiten 104, 105, 110, 126.

Trentino S.p.A. Marketing AG: Seiten 1, 4, 12, 14, 34, 52, 58, 121.

Stichworte